CW01642407

Notre première mondialisation

Dans la même collection

DERNIERS TITRES PARUS

Jean PEYRELEVADE
Le Capitalisme total (2005)

Patrick HAENNI
L'Islam de marché (2005)

Marie DURU-BELLAT
L'Inflation scolaire (2006)

Jean-Louis MISSIKA
La Fin de la télévision (2006)

Daniel COHEN
Trois leçons sur la société post-industrielle (2006)

Éric MAURIN
Le Ghetto français (2006)

Louis CHAUVEL
Les Classes moyennes à la dérive (2006)

François HÉRAN
Le Temps des immigrés (2007)

DOMINIQUE MÉDA, HÉLÈNE PÉRIVIER
Le Deuxième Âge de l'émancipation (2007)

Thomas PHILIPPON
Le Capitalisme d'héritiers (2007)

Youssef COURBAGE, Emmanuel TODD
Le Rendez-vous des civilisations (2007)

ROBERT CASTEL
La Discrimination négative (2007)

LAURENT DAVEZIES
La République et ses territoires (2008)

GÖSTA ESPING ANDERSEN (avec Bruno Palier)
Trois leçons sur l'État-providence (2008)

LOÏC BLONDIAUX
Le Nouvel Esprit de la démocratie (2008)

JEAN-PAUL FITOUSSI, ÉLOI LAURENT
La Nouvelle Écologie politique (2008)

CHRISTIAN BAUDELOT, ROGER ESTABLET
L'Élitisme républicain (2009)

ÉRIC MAURIN
La Peur du déclassement (2009)

PATRICK PERETTI-WATTEL, JEAN-PAUL MOATTI
Le Principe de prevention (2009)

Suzanne Berger

Notre première mondialisation

Leçons d'un échec oublié

Traduit de l'américain par Richard Robert

LA REPUBLIQUE DES IDEES
SEUIL

Collection dirigée par
Pierre Rosanvallon
et Thierry Pech

Remerciements

Ce projet a bénéficié du soutien collectif et financier du Centre de recherche en gestion (École polytechnique), de l'Institut d'études politiques et du département des sciences politiques du Massachusetts Institute of Technology. Je tiens également à remercier Ambroisine Dumez qui m'a assistée dans ces recherches, ainsi que Peter Gourevitch, Pierre Hassner, Richard Locke, Richard Samuels et Nicolas Véron pour leur lecture attentive et leurs encouragements.

ISBN 978-2-02-057921-6

www.seuil.com
www.repid.com

Introduction

Depuis la fin de la guerre froide, la mondialisation est devenue l'horizon de nos attentes et de nos peurs. Nous nous considérions jusqu'ici comme les citoyens de nations dont les frontières politiques protégeaient à la fois le pacte social et l'économie. Nous nous voyons à présent comme des individus dans un espace où les biens, les services et l'argent circulent librement, les barrières dressées par les hommes ne leur faisant apparemment plus obstacle. De toutes parts, on annonce l'avènement d'une ère nouvelle dans l'histoire de l'humanité. Beaucoup d'entre nous s'en inquiètent, comme le montre la montée en puissance des mouvements antimondialisation.

Les années qui ont précédé la Première Guerre mondiale permettent d'appréhender cette nouvelle donne sous un angle différent : d'autres hommes, avant nous, ont dû vivre et comprendre les défis lancés à la démocratie et au progrès social par l'ouverture à l'économie internationale. En revenant sur les débats politiques et les luttes économiques et sociales des pays de l'économie nord-atlantique entre 1870 et 1914, cet essai tente d'élargir la gamme des interprétations à partir desquelles nous décrivons notre propre situation. Il entend par là même réfuter l'idée selon laquelle nous serions sur le point d'entrer dans un monde radicalement nouveau.

Notre attention se portera principalement sur l'expérience française. Au cours des quarante ans qui ont précédé la Grande Guerre, la France était, après la Grande-Bretagne, le pays le plus largement engagé dans l'économie mondiale. Mais à la différence des Britanniques, les Français n'investissaient qu'une très faible part de leurs capitaux dans leurs colonies ; l'essentiel de leurs investissements se dirigeait comme aujourd'hui vers des pays indépendants comme la Russie, la Turquie ou l'Argentine. Autre différence notable et qui renforce la parenté avec notre situation actuelle : les flux migratoires ne jouèrent pas en France un rôle moteur dans le développement de l'intégration internationale.

Car il y a bien parenté : voici cent ans, les pays développés d'Europe occidentale et d'Amérique étaient engagés dans un processus de mondialisation analogue à celui que nous connaissons aujourd'hui. Par mondialisation, j'entends une série de mutations dans l'économie internationale qui tendent à créer un seul marché mondial pour les biens et les services, le travail et le capital. De ce point de vue, la période qui s'étend des années 1870 à la Grande Guerre est bien celle de la « première mondialisation » : l'internationalisation de l'économie y atteignit, dans les domaines du commerce et de la mobilité des capitaux, un niveau qu'elle ne retrouverait qu'au milieu des années 1980. La baisse du coût des transports favorisa un vaste mouvement de populations hors des économies à bas salaires. Des pays comme l'Irlande et la Suède perdirent au moins 10 % de leur population par décennie avant la guerre[1]. Quelque 55 millions d'Européens s'installèrent dans le Nouveau Monde. En Europe occidentale, les travailleurs pouvaient franchir les frontières sans qu'on leur demande ni passeport, ni permis de séjour ou de travail. Rhétorique politique et nouvelles législations sur les tarifs douaniers n'empêchèrent pas les importations et les exportations d'augmenter : en 1910, le commerce

1. Timothy J. Hatton et Jeffrey G. Williamson, *The Age of Mass Migration*, Oxford, Oxford University Press, 1998, p. 3-7.

extérieur représentait une part des économies nationales qu'il ne retrouverait, là encore, que soixante-dix ans plus tard[2].

Des torrents d'actions et d'investissements directs furent déversés des pays développés vers le Nouveau Monde et vers les pays en voie de développement, aux marges de l'Europe et de l'Asie. Certaines années, la Grande-Bretagne exporta jusqu'à 9 % de son PIB en capitaux, tandis que d'autres pays européens s'approchèrent de ce chiffre[3]. De 1887 à 1913, le volume net des investissements français à l'étranger représentait environ 3,5 % du revenu national – une proportion plus importante qu'aujourd'hui[4]. Les Français envoyaient leur épargne partout dans le monde, et particulièrement en Russie, dans l'Empire ottoman et en Amérique latine. Et déjà les industriels français délocalisaient la production pour s'implanter en Europe de l'Est, en Asie mineure et ailleurs.

En termes de mobilité et d'intégration internationale, nous avons rejoint le niveau de la première mondialisation : la plupart des économistes s'accordent sur ce point, même s'ils divergent sur la chronologie. À l'exception des flux migratoires, nous avons aujourd'hui rattrapé et dépassé les chiffres de la période 1870-1914, après une parenthèse de soixante-dix ans durant laquelle le commerce, les migrations et les flux de capitaux furent sévèrement réduits et contrôlés.

Le but de cet essai est d'étudier les analyses et les réactions de nos arrière-grands-parents aux contraintes, aux pressions et aux choix auxquels nous avons coutume d'identifier la mondialisation. Parce qu'elles constituent la seule expérience historique de démocratie libérale au sein d'une économie ouverte, les quarante années

2. Richard E. Baldwin et Philippe Martin, "Two Waves of Globalization: Superficial Similarities, Fundamental Differences", H. Siebert (ed.), *Globalization and Labor*, Tübingen, Mohr Siebeck, 1999, p. 29.

3. Michael Bordo, Barry Eichengreen, Douglas Irwin, "Is Globalization Today Really Different than Globalization a Hundred Years Ago?", NBER, 1999, p. 28.

4. Maurice Lévy-Leboyer et François Bourguignon, *l'Économie française au XIXe siècle*, Paris, Economica, 1985, p. 232-233.

qui ont précédé la Première Guerre mondiale sont un laboratoire de réflexion sur nos propres interrogations. Nous devrions pouvoir y observer les tensions politiques qui affectent la démocratie dans une société sans frontières. Nous devrions pouvoir distinguer les gagnants et les perdants de la mondialisation, suivre les stratégies des forts pour accroître leur avance et celles des faibles pour se protéger des évolutions qui mettent à mal les structures économiques nationales. Nous devrions enfin pouvoir examiner le destin des réformes sociales nationales dans un monde voué à la mobilité des ressources.

CHAPITRE I

Les leçons de la première mondialisation

Quelle leçon politique pouvons-nous tirer des polémiques et des luttes qui ont précédé la Première Guerre mondiale ? Cette question divise les économistes. « La mondialisation actuelle et celle d'il y a cent ans sont-elles vraiment différentes ? », se demandent Michael Bordo, Barry Eichengreen et Douglas Irwin. Leur réponse est claire : elles diffèrent trop pour que nous puissions en tirer un quelconque enseignement sur le destin de nos sociétés et les tensions qui les traversent[5]. Ce serait bien sûr une erreur de s'attendre à une parfaite identité entre le système économique et politique des pays développés en 1913 et l'économie globalisée qui est la nôtre[6]. Les effets de convergence de la première mondialisation résultèrent largement des flux migratoires,

5. Voir à ce sujet R. E. Baldwin et P. Martin, "Two Waves of Globalization…", *op. cit.* ; M. D. Bordo, B. Eichengreen, D. A. Irwin, "Is Globalization Today Really Different…", *op. cit.* ; et Paul Krugman, "Growing World Trade: Causes and Consequences", *Brookings Papers on Economic Activity*, 1995, 1, p. 327-377 ; et enfin R. Zevin, "Are World Financial Markets More Open? If So, Why and With What Effects?", *in* T. Banuri et J. B. Schor (eds), *Financial Openness and National Autonomy*, Oxford, Oxford University Press, 1992.

6. Les pages qui suivent reprennent mon article "Globalization and Politics", *Annual Review of Political Science*, 2000, vol. 3.

qui jouent un rôle bien moindre aujourd'hui. À présent, c'est la production qui se déplace dans les pays en voie de développement dont les exportations sont destinées aux pays riches. Les principales raisons de ces délocalisations sont connues : d'une part, une main-d'œuvre abondante, bon marché et raisonnablement qualifiée, de l'autre, une réserve de consommateurs potentiels. Or, si de tels phénomènes commencèrent à émerger au cours de la première mondialisation, ils n'y jouèrent qu'un rôle mineur.

Les marchés financiers mondiaux ont eux aussi considérablement évolué, même si l'on considère leur degré d'intégration avant l'effondrement des guerres mondiales et la crise de 1929. Par leur vélocité et leur volume brut, les flux de capitaux actuels dépassent nettement ceux des années 1900. Un environnement totalement différent est apparu avec de nouveaux instruments financiers, de nouvelles technologies de communication et, du fait de la montée en puissance des investisseurs institutionnels, une plus grande concentration du capital. En outre, la situation contemporaine est marquée par l'importance des échanges intra-industriels[7]. Les capacités croissantes des pays en voie de développement leur permettent d'exporter une part de plus en plus importante de leur production vers les économies à hauts salaires, tout en ouvrant la voie aux investissements directs et aux délocalisations. Les technologies de l'information et du transport contribuent à fragmenter la production et du même coup à transformer le système industriel des pays développés.

En prenant un peu de recul, on s'aperçoit que la mondialisation ne progresse pas d'une façon continue et irréversible. Au contraire, elle suit une évolution en dents de scie : le haut niveau d'intégration internationale atteint avant la Première Guerre mondiale, précède une dislocation dévastatrice des liens d'interdépendance entre pays développés, suivie par une lente recomposition

7. P. Krugman, "Growing World Trade...", *op. cit.*, p. 331-337.

des réseaux de l'économie internationale. Enfin, en ce début de XXIe siècle, nous redécouvrons ce monde international peuplé de dangers et d'opportunités que nos arrière-grands-parents les plus lucides avaient déjà entrevu.

Tirer les leçons du passé ne suppose cependant pas que nous soyons confrontés à une situation strictement identique, ni que les capacités et les motivations des hommes politiques et du public soient restées exactement les mêmes. Il s'agit plutôt d'utiliser un précédent historique pour examiner d'un œil critique l'idée selon laquelle les différentes options politiques qui s'offrent aux sociétés seraient rigoureusement limitées par les transformations de l'économie internationale. On peut en effet se demander si l'intégration économique et l'ouverture au système international brident réellement les possibilités de réformes sociales dans les régimes démocratiques. Selon la plupart des théories aujourd'hui dominantes, dans le monde académique comme dans la nébuleuse antimondialiste, la mondialisation étouffe les singularités nationales et produit partout les mêmes effets dérivés. C'est la validité de cette hypothèse que l'étude des débats politiques de la première mondialisation met à l'épreuve.

Les pressions de la mondialisation ont-elles partout donné lieu aux mêmes réponses ? Les gouvernements, les partis et les associations ont-ils pesé d'une quelconque manière sur les évolutions économiques, la balance des intérêts et les interdépendances qui se dessinaient alors ? Ou bien tous leurs efforts n'ont-ils consisté qu'à les accompagner plus ou moins passivement ? À vrai dire, l'une des leçons les plus notables de cette enquête, c'est que, loin de museler les choix publics, la première mondialisation a laissé une certaine marge de manœuvre à l'initiative politique. Quelle était son ampleur ? Où étaient ses limites ? Si nous pouvons reconstituer l'ensemble des options qui s'offraient alors, nous pourrons mieux mesurer le champ de nos propres possibilités, ou, tout au moins, nous affranchir de fausses contraintes.

Le débat contemporain sur la mondialisation

C'est dans une visée comparatiste que j'entreprends cette exploration : son véritable enjeu est de comprendre la situation actuelle. Aussi partirai-je du présent, en brossant à grands traits le tableau que les chercheurs, les militants et les citoyens ordinaires se font de la mondialisation. Il existe sur le sujet une littérature abondante et polémique. Les défenseurs et les adversaires de la mondialisation se retrouvent sur quelques problèmes essentiels – chacun des deux camps étant divisé en une myriade de nuances et de distinctions. La définition de la mondialisation, ses origines, ses effets, son degré d'achèvement, son éventuelle irréversibilité, sont sujets à controverse. Mais ces incertitudes quant à sa forme n'empêchent pas un large public, dans le monde entier, de reconnaître l'existence du phénomène et d'y voir notre nouveau cadre de vie.

De cette croyance fondatrice dans la nouvelle organisation du monde surgissent une multitude d'interprétations sur les mutations de l'économie internationale, leurs conséquences sociales et leurs effets sur la démocratie. On prétend ainsi que la mondialisation soumet les sociétés à des défis et des contraintes radicalement nouveaux. Le flux croissant des capitaux et des investissements directs qui traversent les frontières, les vagues de spéculations commerciales sur les taux de change, la « déverticalisation » des systèmes de production et la délocalisation de fonctions essentielles des entreprises, les nouvelles technologies de la communication et des transports qui favorisent ces restructurations, l'augmentation de la part du commerce extérieur dans les économies nationales… autant de facteurs qui, conjugués, bouleversent l'environnement des citoyens et mettent à l'épreuve leur capacité à se gouverner collectivement et à définir les contours de leur vie quotidienne.

Une fois tombées les barrières douanières qui s'opposaient à l'intégration internationale de l'activité économique, la mondialisation semble menacer les emplois, le niveau et la qualité de vie des sociétés riches et avancées. Si la mobilité des facteurs de production qui caractérise cette intégration entraîne une convergence mondiale des salaires, les travailleurs chinois auront certes plus de raisons de se réjouir que les ouvriers allemands. Certains considèrent que la concurrence sur un marché mondial ouvert et intégré induit une « course vers le bas », les entreprises recherchant de nouveaux sites de production, une main-d'œuvre moins onéreuse, des règles environnementales plus souples et des impôts moins élevés. En fin de compte, l'ampleur des échanges économiques transnationaux déréglementés accrédite, aux yeux de beaucoup, l'idée que la mondialisation empêche l'État d'imposer une redistribution, d'amortir les effets de la dislocation économique, ou plus généralement de réguler les marchés. Kenichi Ohmae, avocat enthousiaste de la globalisation, soutient ainsi dans *The Borderless World* que les frontières ne comptent plus quand les États ne sont plus à même de contrôler leur économie nationale :

> Plus vaste qu'un continent, est en train d'émerger une ILE : l'*Inter-Linked Economy*[8] de la Triade (États-Unis, Europe, Japon), que viennent rejoindre des économies agressives comme Taiwan, Hong Kong et Singapour. Elle est en train de devenir si puissante qu'elle a absorbé la plupart des consommateurs et des entreprises ; elle a presque fait disparaître les traditionnelles frontières nationales, reléguant les bureaucrates, les politiciens et les militaires au rang des industries en déclin.[...] Si un État augmente le loyer de l'argent, les prêts peuvent jaillir de l'étranger, privant de sens sa politique monétaire. Si une Banque centrale essaie d'augmenter ses taux d'intérêt, des fonds moins onéreux arriveront aussitôt d'autres endroits de l'ILE. En pratique, l'ILE a rendu obsolètes les instruments traditionnels des banques centrales – taux d'intérêt et masse monétaire.
>
> Sur les cartes politiques, les frontières sont toujours aussi nettes. Mais sur une carte de la compétitivité, une carte qui montrerait

8. Littéralement « économie interconnectée » ou « économie intégrée » (NDT).

le flux réel des activités financières et industrielles, ces frontières ont en grande partie disparu[9].

Ceux qui militent pour des réformes structurelles de leur société auront du mal à suivre Kenichi Ohmae quand il célèbre les difficultés des États à définir leur propre voie. Ils se retrouvent sans doute plus facilement dans ces propos de Philippe Séguin :

> L'idée des frontières est démodée ? Il y a un dogme à attaquer ! Revenir aux frontières, aujourd'hui, est la condition de toute politique[10]...

L'émergence de la mondialisation semble finalement faire naître des inquiétudes profondes sur l'avenir de la démocratie. La mondialisation est-elle ce « monde sans frontières » dont parle Ohmae ? Quel pourrait en être le sens pour des pays qui ont toujours fondé la redistribution sociale et la légitimité politique sur l'exercice d'une souveraineté nationale ? Aux États-Unis, en France et ailleurs, peut-on imaginer une démocratie sans frontières ?

Mondialisation, capitalisme et démocratie

Le débat sur la compatibilité entre mondialisation et démocratie trouve son origine dans une interrogation qui agite les démocraties libérales depuis toujours : celle de la compatibilité entre capitalisme et démocratie. Une des grandes surprises de l'histoire, c'est que la démocratie se soit révélée si profitable au capitalisme. Depuis deux cents ans, des pays de plus en plus nombreux se sont dotés de systèmes démocratiques et ont désigné leurs dirigeants au terme d'élections pluralistes. Parallèlement, les mêmes voyaient s'établir une économie de marché fondée sur la reconnaissance de la propriété privée. Ces deux systèmes ont coexisté

9. K. Ohmae, *The Borderless World*, New York, Harper & Collins, 1990, p. 18.
10. Philippe Séguin, *Ce que j'ai dit*, Paris, Grasset, 1993, p. 39.

avec une remarquable stabilité. Malgré les inégalités engendrées par le capitalisme, il ne s'est jamais trouvé, dans le cadre d'élections nationales libres, aucune majorité pour le renverser. L'Europe comme l'Asie ont certes connu d'importants mouvements d'hostilité au capitalisme, aussi bien à gauche qu'à droite. Mais là où les changements politiques nationaux sont passés par des élections libres et démocratiques, l'anticapitalisme n'a jamais gagné.

Pourtant, en France comme aux États-Unis, il n'a pas toujours été tenu pour acquis que la démocratie et le capitalisme feraient bon ménage. La grande inquiétude des fondateurs de la République américaine, c'était que la démocratie conduise à bafouer les droits de la propriété. James Madison, dans *The Federalist Papers*, affirme que le grand danger dans une démocratie, c'est la possibilité laissée aux citoyens de s'organiser, de se mobiliser, de « former une faction » pour faire prévaloir leurs intérêts économiques sur ceux des propriétaires :

> Les démocraties ont toujours offert le spectacle de la turbulence et de la contestation ; on a toujours considéré qu'elles étaient incompatibles avec la sécurité personnelle et le droit de propriété ; leur existence a généralement été aussi brève que leur fin était violente[11].

Pourquoi ne se sont-elles jamais réalisées, ces sombres prédictions sur le destin des États démocratiques, des systèmes économiques fondés sur la propriété privée et de l'économie de marché libre ? On peut esquisser rapidement au moins deux explications. En premier lieu, les constructions constitutionnelles de Madison et des fondateurs d'autres sociétés démocratiques libérales entendaient protéger les droits des individus et garantir le fonctionnement de l'économie de marché. Des institutions comme le *Bill of Rights*, la Cour suprême et le fédéralisme ont en fait érigé

---

11. James Madison, "Federalist Paper 10", *in The Federalist Papers*, New York, Mentor Book, 1961, p. 81.

des digues pour protéger la propriété et les marchés contre les majorités démocratiques.

Ensuite, et ceci nous intéresse davantage, jusqu'à une date récente, le capitalisme était contenu dans les limites de frontières nationales sur lesquelles les gouvernements s'appuyaient pour réguler le flux des travailleurs, des capitaux, des biens et des services qui circulaient entre leurs sociétés et l'économie internationale. Ainsi à l'intérieur des sociétés, les États ont pu travailler à amortir les conséquences les plus destructrices du capitalisme : les cycles économiques, le chômage, l'inflation, les crises et la dégradation de l'environnement.

Certains États démocratiques plus que d'autres, et plus particulièrement à certaines périodes, ont misé sur leur rôle de régulateur du capitalisme. Mais les républicains et les démocrates américains, comme les sociaux-démocrates scandinaves et les conservateurs britanniques, ont eux aussi admis la responsabilité d'un État auquel ils reconnaissaient la capacité de réguler le capitalisme pour en atténuer les effets négatifs. En France, les gouvernements de droite comme de gauche ont développé l'État-providence. Ils ont protégé les petits propriétaires indépendants, les commerçants contre les grandes surfaces et les PMI contre les forces du marché en imposant des taxes et des quotas aux frontières et en régulant le marché national. L'État a réduit le pouvoir des acteurs économiques les plus puissants grâce à une large palette d'instruments : nationalisations, contrôle des capitaux à la frontière, législation sur le travail, contrôle du crédit. En amortissant l'impact du marché, l'État était en mesure de peser sur la distribution des richesses et du pouvoir dans la société. La redistribution des ressources et ses modalités traduisaient, d'une façon certes irrégulière et imparfaite, l'exercice de la souveraineté populaire.

C'est ce compromis historique que la mondialisation menace aujourd'hui. De nombreuses évolutions y concourent : les nouvelles technologies de la communication et des transports, la chute du mur de Berlin, la libéralisation mondiale des marchés financiers, la montée en puissance, hors de l'ancien monde développé, de nouveaux marchés et de nouveaux producteurs. Les forces économiques étrangères fragilisent une part croissante de la population. Les inégalités s'aggravent, comme on le constate aux États-Unis. La mondialisation semble réduire la capacité de l'État à protéger les citoyens face au marché. La mobilité croissante des capitaux menace de saper l'exercice d'un contrôle national sur l'économie. Beaucoup y voient la fin des frontières : il ne serait tout simplement plus possible de concevoir une régulation nationale de la société. Nous avons l'impression de vivre une épreuve parfaitement inédite où pour la première fois la démocratie doit être défendue dans des sociétés sans frontières.

La première mondialisation

Utiliser le paradigme de la mondialisation pour décrire l'économie internationale des pays industrialisés entre 1870 et 1914 implique de s'intéresser en priorité aux flux croissants de capitaux, de biens et de personnes circulant librement entre les sociétés. Bien sûr, ni dans la mondialisation actuelle, ni dans celle d'hier, nous ne sommes parvenus à un marché mondial unique dont dépendraient entièrement aussi bien les salaires et les taux d'intérêt que le prix des biens et des services. Si l'on parle de mondialisation, cela signifie plutôt que les échanges internationaux ont pris une telle importance dans nos économies que les marchés extérieurs y déterminent de plus en plus les prix, c'est-à-dire la distribution des ressources et des revenus. Pour mesurer à quel point des pays ont pu se rapprocher en intégrant leurs économies, les économistes ont développé diverses méthodologies destinées à évaluer la convergence des salaires, des taux d'intérêt, des loyers et des prix des biens et des services. L'approche la plus utilisée a été développée par Feldstein et Horioka (1980) : elle se fonde sur la corrélation entre l'épargne nationale et les investissements. S'il existait un marché mondial unique pour le capital, il y aurait peu de rapports, dans un pays donné, entre l'épargne et l'investissement : les épargnants investiraient dans n'importe quelle partie du monde, pourvu que les dividendes y soient optimaux, et les emprunteurs emprunteraient là où ils trouveraient les taux les plus bas. Vus sous cet angle, les marchés des capitaux étaient plus intégrés dans les années 1880 que dans les années 1980[12].

O'Rourke et Williamson partent d'un autre indice : la convergence des salaires réels. Ils montrent qu'entre 1870 et 1914, les écarts de salaires se sont réduits, aussi bien entre les économies du Nouveau Monde et celles de l'Europe, qu'à l'intérieur de l'Europe entre les pays pauvres et les pays riches[13]. O'Rourke et Williamson attribuent 70 % de cette convergence aux migrations de masse, qui ont contribué à l'augmentation des salaires dans les pays abandonnés par les travailleurs et à la baisse des salaires là où ils s'installaient. Les prix des denrées ont eux aussi convergé fortement au cours de cette période. En 1870, le blé était vendu 57,6 % plus cher à Liverpool qu'à Chicago ; en 1913, la différence n'était plus que de 15,6 %. Pour les barres de fer l'écart entre les cours de Philadelphie et de Londres passa de 75 % à 20,6 % ; et l'on peut observer la même évolution sur toute une série de marchandises[14]. Juste avant la guerre, l'intégration économique des deux rives de l'Atlantique s'était tellement avancée que les prix domestiques y étaient largement déterminés par les cours mondiaux[15]. Entre

12. A. Taylor, "International Capital Mobility in History: The Savings-Investment Relationship", *NBER*, *Working Paper* 5743, Cambridge (Mass.), 1996. Voir aussi le chapitre 11 du livre de K. H. O'Rourke et J. G. Williamson, *Globalization and History*, Cambridge, MIT Press, 1999.

13. K. H. O'Rourke et J. G. Williamson, *Globalization and History*, *op. cit.*, chap. 8.

14. *Ibid.*, p. 43-53.

15. On peut lire à ce sujet les conclusions de Lee A. Craig et Douglas Fisher, *The Integration of the European Economy, 1850-1913*, New York, St. Martin's Press, 1997.

l'Europe et le reste du monde, la chute du coût des transports et des communications entraînait des effets similaires : les prix européens et asiatiques du coton, du jute, du blé et du riz s'étaient nettement rapprochés depuis les années 1870.

Commerce international, migrations et mouvements de capitaux ne datent pas d'hier. En fait, les sociétés closes sur elles-mêmes, ne laissant entrer ou sortir ni les choses, ni les personnes, sont de très rares exceptions historiques. Mais si les frontières ont toujours vu passer de l'argent, des biens et des personnes, ces flux se distinguaient nettement de ce que nous imputons aux forces de la mondialisation, qu'il s'agisse de la première ou de la seconde. Trois différences majeures le montrent.

En premier lieu, jusqu'à la fin du XIXe siècle, l'essentiel de la production, de la consommation et de l'épargne échappait aux contraintes du marché, y compris dans les pays développés. Dans les sociétés agricoles, la plupart des produits étaient consommés à la ferme ou vendus sur place dans le cadre de la famille, du clan ou de réseaux locaux d'échanges au sein desquels les prix ne jouaient pas un grand rôle dans la distribution des ressources. En France, à la veille de la Seconde Guerre mondiale encore, les deux tiers de la production agricole ne quittaient jamais la ferme[16]. Les sociétés proches de l'autarcie, dont la production et la distribution ne passaient pas par les mécanismes du marché, étaient ainsi fortement, voire complètement isolées de l'économie internationale.

En deuxième lieu, l'action des États s'ajoutait à ce faible développement du marché pour contenir les effets des échanges internationaux sur l'économie domestique. Pirenne[17] montre ainsi comment les États médiévaux ont élevé des barrières pour placer leur économie intérieure à l'abri du commerce international, en

---

16. A. Cambiaire, *l'Autoconsommation agricole en France*, Paris, Colin, 1952, p. 184.

17. Henri Pirenne, *Economic and Social History of Medieval Europe*, New York, Harcourt, Brace, 1937, p. 206 *sq*. Eli F. Heckscher, *Mercantilism*, trad. M. Shapiro, Londres, George Allen & Unwin, 1955.

reléguant par exemple celui-ci hors des murs de la cité. Même la politique commerciale d'un État marchand comme Venise visait à réguler sévèrement les interactions entre commerce international et économie locale. Les États empêchaient leurs ressources stratégiques de quitter le territoire : Venise dissuadait les verriers-souffleurs d'aller vendre leurs compétences à l'étranger en les menaçant de lourdes peines de prison, voire de condamnations à mort. La Grande-Bretagne interdisait d'émigration les mécaniciens du textile. Pratiquement toutes les nations européennes contrôlaient sévèrement leurs exportations de céréales et autres denrées alimentaires, par crainte des troubles et des violences qui éclataient en période de pénurie et de hausse des prix. Enfin, et cette forme de régulation nous est plus familière, les États commençaient à réguler l'entrée des marchandises étrangères et des capitaux à l'aide de tarifs, de quotas et de bien d'autres barrières. La première loi restreignant les importations de céréales en Grande-Bretagne fut votée en 1819. Et à partir du milieu du XIXe siècle, les tarifs et les quotas aux importations s'imposèrent comme la forme dominante de régulation du flux des biens et des services dans le monde entier.

La troisième distinction tient à la nature des acteurs impliqués. Jusque vers 1850, les échanges internationaux étaient concentrés entre les mains d'un petit nombre de familles, d'entreprises et d'institutions. Le marché international des capitaux, qui avait été dominé par quelques puissantes banques et familles comme les Rothschild, les Baring, les Hope, commença alors à passer entre les mains de nouveaux protagonistes et à attirer l'argent de très nombreux petits épargnants. L'État russe, par exemple, qui avait d'abord satisfait ses besoins en empruntant auprès de quelques grandes banques privées dut recourir, à la fin du XIXe siècle, aux banques de dépôt françaises, allemandes et anglaises, qui vendirent des obligations à un grand nombre de petits porteurs. Lorsque les bolcheviks arrivèrent au pouvoir et refusèrent d'honorer les emprunts tsaristes, pas moins de 1,6 million de petits épargnants français déposèrent des réclamations[18].

L'économie internationale des dernières décennies du XIXe siècle était ainsi très différente de celle qui l'avait précédée. Polanyi voit dans le tournant du milieu du XIXe siècle une « grande transformation », marquée par un processus général de mise en marché et d'intégration des échanges nationaux, et par la levée des obstacles qui avaient protégé les économies locales du commerce international. La plus grande partie des activités économiques des pays avancés entra alors dans une logique de marché ; les barrières entre les marchés nationaux et internationaux s'écroulèrent ; et une part croissante de la population s'engagea dans l'économie internationale, *via* le choix du lieu de travail, des biens consommés et les modes d'épargne. Ce sont ces évolutions, associées à la perméabilité croissante des frontières, qui rendent l'internationalisation des années 1870-1914 si différente des épisodes précédents.

Les forces à l'œuvre dans la mondialisation

Une bonne partie des éléments qui favorisent la mondialisation actuelle étaient déjà à l'œuvre en 1870-1914. Ce fut d'abord une période d'innovations technologiques qui permirent d'abaisser le coût des transports et des communications. À l'époque de la Révolution américaine, il fallait quarante-deux jours à Benjamin Franklin pour se rendre en France ; en 1912, il aurait pu faire le voyage en cinq jours et demi[19]. En 1815, les Rothschild durent utiliser des pigeons voyageurs pour connaître l'issue de la bataille

18. Joël Freymond, *Histoire de la plus grande spoliation du siècle : les emprunts russes*, Bayeux, *Journal des Finances*, 1996, p. 52.

19. Émile Levasseur, *Histoire du commerce de la France de 1789 à nos jours*, Paris, Arthur Rousseau, 1912, p. 721-722.

de Waterloo, dont dépendait l'un de leurs plus grands « coups » financiers. Avant l'installation du câble transatlantique dans les années 1860, les informations mettaient trois semaines pour arriver de New York à Londres. En 1914, le télégraphe et le téléphone reliaient les principales places mondiales presque aussi instantanément que l'Internet aujourd'hui, ce qui favorisa la convergence du prix des obligations entre les deux rives de l'Atlantique[20].

La chute du prix des transports libéra de puissants flux migratoires entre l'Europe et le Nouveau Monde. Pour de nombreux pays de l'économie nord-atlantique, les principaux effets de la mondialisation furent les convergences créées par ces mouvements de population. En France, cependant, la balance des départs et des arrivées fut à peu près équilibrée, et les effets économiques de la mondialisation se firent surtout sentir sur les marchés des produits et des capitaux[21]. À cet égard, les expériences vécues par les Français au cours de cette première mondialisation sont plus proches des nôtres que celles de leurs voisins européens, car les migrations jouent aujourd'hui un moindre rôle dans l'intégration internationale, du fait des barrières qui ont été élevées par les pays riches et développés.

Les mêmes changements dans les structures de la vie quotidienne produisant les mêmes anxiétés, les Français du tournant du siècle établirent entre les mécanismes de la mondialisation et leur impact sociétal des liens qui rappellent étrangement ceux que nous faisons aujourd'hui. Par exemple, l'amélioration des transports, les performances de l'Internet et de la Toile, la progression des capacités de production chinoises et la libéralisation du com-

20. M. Bordo, B. Eichengreen, D. Irwin, "Is Globalization Today Really Different...", *op. cit.*, p. 32 (les auteurs se réfèrent alors aux travaux de Garbade et Silber, 1978).

21. D'après L. A. Craig et D. Fisher, *The Integration of the European Economy, 1850-1913*, *op. cit.*, entre les années 1850 et 1913, la balance migratoire française est presque équilibrée, ne variant que de – 0,2 à – 0,01/1 000 au cours de cette période.

merce font apparaître la Chine comme un épouvantail, alimentant la peur que la mondialisation n'induise un effondrement des salaires, une dégradation des conditions de travail, de la protection sociale et une catastrophe environnementale. En 1900, la montée en puissance du Japon, les investissements étrangers en Chine, et le raccourcissement rapide des distances entre l'Asie et l'Europe ont nourri le même genre de peurs. Un économiste renommé, Edmond Théry, écrivait en 1901 :

> Il ne restera donc, pour nous défendre, que la question de la distance, c'est-à-dire la question des frais de transport ; mais on oublie trop, dans le monde du libre-échange, que l'emploi de l'électricité et de la vapeur l'a presque supprimée et que, en ce qui concerne spécialement l'Extrême-Orient, le canal de Suez, les grands steamers à marche rapide et la concurrence des frets – sans parler de l'influence prochaine du Transsibérien – ont décuplé la vitesse de circulation des marchandises, assuré à leur livraison une régularité presque mathématique et réduit leurs frais de transport dans des proportions telles que leur prix de revient – surtout lorsqu'il s'agit de produits manufacturés – n'en peut plus être sensiblement affecté.
>
> Le péril jaune qui menace l'Europe peut donc se définir de la manière suivante : rupture violente de l'équilibre international sur lequel le régime social des grandes nations industrielles de l'Europe est actuellement établi, rupture provoquée par la brusque concurrence, anormale et illimitée d'un immense pays nouveau[22].

Théry pensait que les États-Unis, du fait de la doctrine Monroe, seraient capables d'imposer leurs produits et leurs pratiques en Amérique latine et donc d'être en meilleure position que l'Europe pour résister à la concurrence asiatique. Le *Zollverein* américain, pour reprendre son expression, s'est aujourd'hui matérialisé sous la forme de l'Accord de libre-échange nord-américain (ALENA).

Les innovations institutionnelles et politiques ont également joué un rôle significatif dans l'avènement de la première mondia-

---

22. Edmond Théry, *le Péril jaune*, Paris, Félix Juven, 1901, p. 308.

lisation. L'accord de libre-échange franco-britannique signé le 23 janvier 1860 souleva une vague de politiques libre-échangistes qui déferla sur l'Europe. Quand la crise des années 1870 commença à devenir préoccupante, toutefois, les intérêts des agricultures et des industries nationales s'allièrent pour réclamer des mesures protectionnistes. En Allemagne, la coalition du « fer et du seigle », qui réunissait des agriculteurs et des industriels, réussit à faire voter en 1879 une législation protectionniste. Ces nouveaux tarifs douaniers firent tache d'huile dans toute l'Europe. En France, en 1892, les protectionnistes eurent assez de poids pour imposer une révision complète des traités commerciaux ; le tarif Méline, voté le 11 janvier 1892, signa la fin de l'engagement français en faveur du libre-échange. Cela n'empêcha pourtant pas le niveau des importations de biens et de services de croître. L'augmentation des droits de douane protégea certes partiellement les céréaliers français des effets de la chute du prix des transports entre les champs américains ou russes et la France[23]. Mais pendant que les importations de céréales et de certains produits manufacturés étaient contenues par les taxes, le volume global du commerce continua d'augmenter, notamment du fait des importations de matières premières[24]. Les exportations représentaient 15 % du PNB dans la période 1887-1896 et 17,1 % entre 1907 et 1913 ; les importations représentaient quant à elles 18,2 % du PNB pour la première période et 20,3 % pour la seconde[25].

Une autre innovation politique de cette époque fut l'étalon or. Son adoption par la plupart des grandes économies permit de réduire les coûts et les risques des affaires conclues à l'international. En indexant sur l'or la valeur de sa monnaie, l'État permettait aux importateurs, aux exportateurs et aux investisseurs de faire des

---

23. K. H. O'Rourke et J. G. Williamson, *Globalization...*, *op. cit.*, p. 102 *sq*.

24. Michael S. Smith, *Tariff Reform in France, 1860-1900*, Ithaca (NY), Cornell University Press, 1980, p. 230.

25. M. Lévy-Leboyer et F. Bourguignon, *l'Économie française au XIXe siècle*, *op. cit.*, p. 45.

prévisions à long terme sans avoir à craindre qu'une dévaluation ou une poussée d'inflation ne fasse fondre leurs bénéfices. L'adoption de l'étalon or ne fut pas suivie partout des mêmes pratiques monétaires. En Grande-Bretagne, l'État soutint la livre sterling et sa convertibilité en ajustant les taux d'intérêt. En France, il maintint avec constance de faibles taux d'intérêt, et s'arrangea pour garantir la convertibilité du franc en conservant d'importantes réserves d'or. Mais dans l'ensemble, le système réduisit les risques que la fluctuation des cours faisait courir à ceux qui investissaient et commerçaient avec l'étranger.

Un troisième ensemble d'innovations institutionnelles fut constitué par les législations favorisant la création de sociétés et de banques par actions à responsabilité limitée, et celle d'un marché des valeurs ouvert au grand public. Ces institutions n'étaient pas absolument nouvelles, mais elles n'avaient connu par le passé qu'une expansion limitée. À partir du milieu du XIXe siècle, le législateur et les entrepreneurs contribuèrent à donner à ces instruments financiers un rôle nouveau et important dans l'économie. Du point de vue des contemporains, ce fut une révolution. Léon Say, ministre des Finances dans les premières années de la IIIe République, écrit ainsi :

> Le grand progrès de notre siècle est d'avoir si bien combiné la propriété et le titre que le titre est devenu identique à la propriété elle-même. On envoie aujourd'hui dans une lettre, de France en Angleterre, d'Angleterre au Canada, de Hollande aux Indes, et réciproquement, les usines, les fabriques, les chemins de fer, tout ce qui se possède en un mot. La chose reste immobile, mais son image est sans cesse transportée d'un lieu dans un autre : c'est comme un jeu de miroir qui enverrait en reflet plus haut, plus bas, à droite à gauche. La chose est dans un lieu, mais on en jouit partout. Qui a le reflet la possède[26]...

---

26. Léon Say, « Introduction à l'édition française de la *Théorie des changes étrangers* de Geschen », Paris, 1875, cité par Maurice Brion, *l'Exode des capitaux français à l'étranger*, Paris, Arthur Rousseau, 1912, p. 3.

Edmond Théry décrit les actions et la machine à vapeur comme les deux moteurs du développement économique du siècle, les actions papier permettant d'envoyer des capitaux tout autour du monde[27].

Ces nouveaux instruments modifièrent les structures de la richesse nationale : les épargnants commencèrent à investir leurs fonds en obligations, en actions et en différentes valeurs qui se substituèrent à la propriété foncière et aux biens immobiliers. Un peu avant la Première Guerre mondiale, environ 40 % de la richesse nationale française était constituée de valeurs mobilières, sous une forme ou sous une autre[28]. Entre le tiers et la moitié de ces valeurs étaient étrangères[29]. Cela signifie qu'entre le quart et le tiers de la richesse nationale globale, en dehors de la terre et de l'argent destiné au circuit de la consommation, était placée à l'étranger, selon les calculs de Cameron[30]. Les Français investirent au-delà de leurs frontières environ 50 milliards de francs-or (soit 10 milliards de dollars de l'époque). Seule la Grande-Bretagne fit mieux, avec 3,8 milliards de livres (19 milliards de dollars[31]). Les investisse-

27. E. Théry, *la France économique et financière*, Paris, L'Économiste européen, 1900, p. 199.

28. Charles-Albert Michalet, *les Placements des épargnants français de 1815 à nos jours*, Paris, PUF, 1968, p. 138-139.

29. Rondo Cameron, *France and the Economic Development of Europe, 1800-1914. Conquests of Peace and Seeds of War*, Princeton, Princeton University Press, 1961, p. 487. Des incertitudes et des désaccords subsistent sur les chiffres exacts et sur les modes de calcul. Sur l'évaluation des investissements français à l'étranger et de leurs rendements, on peut se référer à Harry Dexter White, *The French International Accounts, 1880-1913*, Cambridge, Harvard University Press, 1933 ; M. Lévy-Leboyer, « La capacité financière de la France au début du XXe siècle », p. 7-33 ; et « La balance des paiements et l'exportation des capitaux français », p. 75-142, *in* M. Lévy-Leboyer (sous la dir. de), *la Position internationale de la France*, Paris, Éd. de l'École des hautes études en sciences sociales, 1977.

30. R. Cameron, *France and the Economic Development of Europe…*, *op. cit.*, p. 64 ; C.-A. Michalet a calculé que 14 % des capitaux privés étaient placés en valeurs étrangères (*les Placements des épargnants français de 1815 à nos jours*, *op. cit.*, p. 138-139).

31. C.-A. Michalet, *les Placements des épargnants français de 1815 à nos jours*, *op. cit.*

ments à l'étranger représentaient en 1907 près de 40 % de la richesse nationale des Britanniques[32].

L'étude des héritages montre une diffusion de ces valeurs dans la France des villes comme dans celle des campagnes. De manière assez surprenante, les petits épargnants se sont avérés plus friands de valeurs étrangères que les gros[33]. Les investisseurs français portèrent d'abord leur choix sur des obligations émises par les États et les compagnies de chemins de fer, mais pendant la décennie qui précéda la guerre, des fonds toujours plus importants alimentèrent les investissements directs dans les entreprises. Certains économistes suggèrent que la proportion d'investissements directs dans les portefeuilles, juste avant la guerre, était considérablement plus grande qu'on ne le pense, et qu'elle s'approchait des proportions actuelles[34].

Mondialisation ou impérialisme ?

Où allait l'argent ? Sur ce point, les expériences française et britannique sont très différentes. En 1902, la Grande-Bretagne envoyait environ 30 % de ses investissements à l'étranger à l'intérieur de son empire (17,3 % dans les Dominions, 12,7 % dans les colonies directement administrées par la couronne) et 70 % vers des pays politiquement indépendants comme les États-Unis. La France, par contraste, envoyait peu de capitaux dans ses colonies :

32. A. K. Cairncross, *Home and Foreign Investment, 1870-1913*, Cambridge, Cambridge University Press, 1953, p. 104.

33. C.-A. Michalet, *les Placements des épargnants français de 1815 à nos jours*, *op. cit.*, p. 154, et A. Daumard, « Diffusion et nature des placements à l'étranger dans les patrimoines des Français au XIXe siècle », *in* M. Lévy-Leboyer (sous la dir. de), *la Position internationale de la France*, *op. cit.*, p. 430-435.

34. Peter Svedberg, "The Portfolio-Direct Composition of Private Foreign Investment in 1914 Revisited", *The Economic Journal*, 88, décembre 1978, p. 763-777.

en 1900, seul 1,5 des 28 milliards de francs investis à l'étranger l'était dans ses colonies; et en 1914, 4 milliards sur 45[35]. La part du lion revenait à la Russie, au Proche-Orient et à l'Amérique latine. Dans ces investissements à sens unique, la Russie absorbait à elle seule le quart des capitaux français à l'étranger. Si nous considérons les circuits commerciaux, les différences avec la Grande-Bretagne sont là encore considérables. Le commerce français était largement centré sur l'Europe. Seules 13 % des exportations françaises étaient dirigées vers les colonies (à comparer aux 37 % britanniques). Ce n'est qu'après la Première Guerre mondiale, quand la France eut perdu la plupart de ses avoirs à l'étranger et quand les nations recommencèrent à élever des barrières douanières autour de leur territoire ou de leur empire, que les investissements français se portèrent vraiment dans les colonies.

Lors des controverses qui ont opposé les historiens économiques français sur la question de l'impérialisme, dans les années 1970, même ceux qui voyaient dans la configuration des investissements français avant-guerre une vérification des thèses de Lénine devaient recourir à une définition très extensive de l'impérialisme pour englober les phénomènes qu'ils étudiaient, ou pour suggérer que les schémas qui émergeraient après la guerre étaient déjà en germe avant-guerre[36]. Les écrits de Jacques Marseille, Jacques Thobie, Jean Bouvier, René Girault et Henri Brunschwig analysent tous le comportement de la France au sein de l'économie internationale des années 1870-1914 comme celui d'un pouvoir impérial.

---

35. Herbert Feis, *Europe: The World's Banker, 1870-1914*, Reprints of Economic Classics, New York, Augustus Kelley, 1964, p. 51.

36. Voir sur ce sujet les débats entre les contributeurs de *la Position internationale de la France* (M. Lévy-Leboyer, *op. cit.*) et Jacques Marseille, *Empire colonial et capitalisme français*, Paris, Albin Michel, 1984, p. 22-30; Jean Bouvier et René Girault (sous la dir. de), *l'Impérialisme français d'avant 1914*, Paris, Mouton, 1976, p. 8 : « L'impérialisme d'un État réside pour l'essentiel dans les tentatives qu'il fait (réussies ou non) pour tirer profit du développement économique inégal entre régions ou zones, et pour imposer son point de vue sur la politique extérieure d'autres États, au besoin en délimitant l'autonomie laissée en matière de politique intérieure à ces États. »

Ils se demandaient notamment si les investissements français dans des pays qui n'étaient pas des colonies (comme la Russie ou la Turquie) relevaient de l'impérialisme. Les colonies étaient-elles rentables ? Pour qui ? Si les investissements qui y étaient faits n'étaient pas rentables, pouvait-on encore parler d'impérialisme ? Même si le commerce colonial n'était pas très développé avant-guerre, jouait-il un rôle critique ?

Étant donné l'influence du marxisme dans les sciences sociales des années 1970, il n'est pas surprenant que les spécialistes d'histoire économique aient eux aussi considéré l'économie internationale sous l'angle de l'impérialisme. Ce n'était pas la première fois que les préoccupations les plus brûlantes d'une génération lui fournissaient un filtre interprétatif pour comprendre l'impact de l'engagement français dans les marchés mondiaux. Les historiens des années 1960 étaient obsédés par la question de la croissance économique. Ils voyaient les rapports de la France avec l'économie internationale, au XIXe siècle, comme l'un des facteurs qui expliquaient le retard économique du pays par rapport à l'Allemagne, aux États-Unis et même à l'Angleterre. Pour Maurice Lévy-Leboyer, François Bourguignon, Jean Bouvier, Charles Michalet ou Paul Bairoch, la question clé était de savoir si les exportations françaises de capitaux dans les décennies qui précédèrent la guerre, avaient pu contribuer à réduire la croissance, par rapport à ce qu'elle aurait été si les capitaux étaient restés. Si ces capitaux partaient, était-ce parce qu'ils ne trouvaient pas de débouchés rentables sur place ? Ou était-ce au contraire faute de capitaux que les infrastructures, les nouvelles entreprises et l'innovation languissaient ?

Je propose de déplacer à nouveau l'angle d'attaque et d'examiner la politique des années 1870-1914 comme un ensemble de réponses à la mondialisation. Quels furent les effets, dans la société et la vie politique françaises, d'une intégration rapide dans les marchés mondiaux des capitaux et des produits ? Nous nous demandons aujourd'hui si la démocratie et les systèmes de redistribution peuvent subsister dans un « monde sans frontières ». Les Français se posaient les mêmes questions avant la guerre. Le terme de « mondialisation » était bien sûr inconnu alors, mais le phénomène lui-même fut au cœur d'une série de batailles menées dans la presse, au sein des partis, à la Chambre des députés, dans les syndicats et à l'université. La grande question était alors l'impact de ces flux internationaux sur la société française. L'ouverture des frontières commerciales et les investissements directs à l'étranger se traduiraient-ils par l'arrivée massive de biens étrangers produits à bas prix ? Les exportations de capitaux réduiraient-elles les investissements internes, grevant la croissance des capacités de production et de l'emploi ? Cela ferait-il baisser les salaires ? C'est au cours de cette période que furent débattues, à la Chambre des députés, des réformes comme la semaine de six jours, la journée de dix heures, l'impôt sur le revenu, les taxes sur les investissements à l'étranger, et les retraites. Au cours de ces débats, les opposants soutinrent naturellement, comme aujourd'hui, que l'adoption de telles réformes affaibliraient la compétitivité française et qu'il serait impossible de lever de nouveaux impôts sans voir les capitaux s'évader à l'étranger. En outre, comme aujourd'hui, certains accusaient les emprunts de renforcer les régimes autocratiques et répressifs comme la Russie.

Les Français d'il y a cent ans s'inquiétaient également des effets de l'intégration et de l'ouverture internationale sur la guerre et la paix. La mobilité des richesses aiderait-elle l'ennemi allemand à s'emparer des capitaux et des actifs français ? L'intégration économique réduirait-elle les risques de guerre, comme le pensaient Norman Angell en Angleterre et Jean Jaurès en France ? Ou, comme le prédisaient Lénine et quelques autres, l'intégration des marchés mondiaux provoquerait-elle entre les capitalistes des différents pays des conflits susceptibles de favoriser le déclenchement d'une guerre ? Sur la plupart de ces questions, les débats d'il y a un siècle ne trouvèrent pas de réponse. L'année 1914 vit le monde voler en éclats, bien au-delà de tout ce qu'avaient pu imaginer ceux qui discutaient des flux internationaux de capitaux. Les barrières érigées sur les frontières à l'époque de la Première Guerre mondiale ne devaient pas s'abaisser de sitôt. Soixante-dix ans allaient s'écouler avant que les capitaux et les biens puissent traverser les frontières européennes aussi librement qu'ils l'avaient fait dans les années 1880.

Notre situation diffère sensiblement de celle de la première mondialisation, mais nombre des pressions et des questions que nous affrontons trouvent également leur origine dans l'ouverture de frontières aux flux de migrants, de capitaux et de biens. Reprendre les débats des années 1870-1914 sur la mondialisation, c'est interroger nos propres croyances : l'ouverture à l'économie internationale réduit-elle nécessairement l'espace de la démocratie libérale et de la justice sociale dans nos pays ? À la lumière de ces événements lointains, l'éventail de nos propres possibilités semble plus large et moins contraint, car celles-ci dépendraient davantage de nos projets et de notre détermination.

CHAPITRE 2

Causes et conséquences des investissements à l'étranger

Pourquoi les Français envoyèrent-ils une part si conséquente de leurs économies à l'étranger ? Voilà la grande énigme qui est au cœur de l'expérience française de la première mondialisation. Si l'on considère les deux autres dimensions de l'internationalisation, les migrations et le commerce, la France se situe dans la moyenne des nations comparables par la taille et le niveau de développement. Si elle fait exception, c'est à la fois par l'ampleur des capitaux qu'elle envoya à l'étranger (seule la Grande-Bretagne fit mieux) et (au contraire de la Grande-Bretagne) par les résultats désastreux de ses investissements. En 1918, les deux tiers des avoirs français à l'étranger de 1914 étaient perdus. La guerre et ses retombées furent certes des catastrophes imprévisibles, mais la question se posait déjà avant-guerre : les épargnants avaient-ils intérêt à investir à l'étranger plutôt que sur leur propre territoire[37] ? Ces investissements ne furent pas seulement le fait de riches spéculateurs, mais aussi et surtout de millions d'épargnants plus modestes, dont la gestion de père de famille, prudente et attentive au moindre centime, constitue le socle de toutes les des-

37. M. Lévy-Leboyer et F. Bourguignon, *l'Économie française au XIXe siècle*, *op. cit.* ; H. D. White, *The French International Accounts, 1880-1913*, *op. cit.*

criptions des Français de la IIIe République. Si cette situation retient notre attention, c'est parce qu'elle n'est pas sans rappeler certaines de nos expériences récentes, et notamment la vague d'investissements irrationnels dans la « nouvelle économie ». Mais c'est surtout parce que l'impact de ces flux de capitaux sur la politique et la société françaises fit l'objet de débats qui croisent nos propres inquiétudes. C'est le cas de ces investissements directs à l'étranger, suspectés de vider notre société de ses capitaux, de ses emplois et de ses capacités d'innovation, au profit de pays susceptibles de devenir de puissants concurrents commerciaux et rivaux politiques.

D'un certain côté, on peut comprendre pourquoi les Français ont inondé de capitaux des pays comme le Paraguay, la Russie ou l'Argentine, malgré de nombreux signes d'instabilité politique et de déficits budgétaires : il suffit pour cela de reconnaître que le comportement des investisseurs échappe pour une large part au domaine des calculs rationnels[38]. Quand apparaît une mode, qu'il s'agisse des tulipes ou de la nouvelle économie, les investisseurs se précipitent en masse pour suivre d'autres investisseurs, sans s'inquiéter de la faible valeur réelle de ce qu'ils achètent. Les banques qui vendaient des obligations étrangères à leurs clients et la presse financière qui en parlait ont certainement persuadé le public qu'il n'y en aurait pas pour tout le monde et qu'il fallait se dépêcher sous peine de manquer le train.

Il y eut à l'époque une autre variante de ces ruées irrationnelles, qui nous est également familière et que nous pourrions nommer « le champ des rêves », en référence à ce film de 1989 où un fermier de l'Iowa transforme son champ de maïs en terrain de baseball, croyant qu'il lui suffit d'aménager ce terrain pour y voir réapparaître miraculeusement les stars du baseball d'hier. Dans le cas des investissements directs à l'étranger, l'espoir de ceux qui investissent dans un grand pays, avec une grande population et une

38. Robert J. Shiller, *Irrational Exuberance*, Princeton, Princeton University Press, 2000.

industrie peu développée – que ce soit dans les chemins de fer, la métallurgie, le textile ou la mercerie – est de voir apparaître un marché sur lequel ils pourront réaliser des profits. Nous connaissons bien aujourd'hui les rêves de ces hommes d'affaires occidentaux qui projettent de s'établir en Chine et de vendre ne serait-ce qu'une savonnette à plus d'un milliard de Chinois. Ce type de raisonnement se rencontrait à l'état endémique dans les milieux d'affaires européens qui investissaient dans des pays en voie de développement avant la Première Guerre mondiale. La Russie était l'archétype du champ des rêves, parce qu'en 1900 c'était un pays de 133 millions d'habitants (la France n'en comptait que 38 millions en 1901), avec une industrie peu développée et des tarifs douaniers protégeant le marché intérieur des concurrents extérieurs[39].

Les archives du CAMT, à Lille, renferment les dossiers et les rapports d'exploitation annuels de douzaines d'entreprises ayant implanté des filiales en Russie et en Pologne à l'époque[40]. Fidèles au rêve initial qui consistait à exploiter les richesses de l'énorme marché russe, ces entreprises continuèrent à travailler et à s'étendre, alors même que la violence et le chaos commençaient à tout détruire autour d'elles. En voici un exemple typique. Les Établissements Gratry, une compagnie lilloise spécialisée dans le textile, fondèrent en 1899 la Société anonyme des manufactures de lin et de coton de Kostroma constituée en Belgique (probablement pour des raisons fiscales) sur la base d'un capital de 5 millions de francs[41]. Le prospectus décrivait le but de l'opération : une usine produisant des vêtements et des meubles pour le marché russe – donné comme

39. Ces statistiques sont tirées de B. R. Mitchell, *European Historical Statistics, 1750-1975*, New York, Facts on File, 1980.

40. On peut trouver des chiffres précis et abondants dans John P. McKay, *Pioneers for Profit. Foreign Entrepreneurship and Russian Industrialization, 1885-1913*, Chicago, University of Chicago, 1970 ; et René Girault, *Emprunts russes et investissements français*, Paris, Armand Colin, 1973 ; ou encore dans les archives du Crédit Lyonnais à Paris.

41. Centre des archives du monde du travail, 65 AQ H153.

presque « illimité » dans un pays aussi vaste. Il présentait un secteur déjà florissant : d'autres sociétés déjà installées en Russie versaient des dividendes de 10 % à 20 %. Comme l'usine de Kostroma devait produire des biens qui n'étaient pas encore présents sur le marché russe, et que les droits de douane sur ces articles étaient très élevés, le prospectus affirmait que l'entreprise serait « à l'abri des crises de surproduction ». Les rapports de 1901 et 1902 décrivent des problèmes dus à la faible demande et à l'augmentation du prix des matières premières. En 1903, les administrateurs rapportent qu'au moment même où ils pensaient avoir touché le fond, de nouvelles difficultés sont apparues. La direction tente alors de former les employés au tissage, mais ils se montrent « rebelles à tout progrès ». Afin de stimuler leur ardeur, elle décide de les payer à la pièce – ce qui suscite une grève et des émeutes : l'usine est assiégée trois jours de suite par les grévistes. Les ingénieurs et les contremaîtres belges et français finissent par s'enfuir et refusent de revenir. Aussi les comptes de 1903 sont-ils déficitaires. En 1904, la situation s'améliore jusqu'à l'éclatement de la guerre russo-japonaise. En 1906, les mauvais résultats sont entièrement attribués à l'hostilité des ouvriers qui ont délibérément cassé les machines. Les salaires augmentent. Le prix du fuel s'envole, après que les révolutionnaires ont mis le feu aux raffineries de Bakou. Surviennent des problèmes de nature fiscale avec les autorités locales. Mais, poursuit le rapporteur, nous espérons que ces problèmes disparaîtront avec le temps. Nos clients paient régulièrement ; la solution est d'augmenter la production et d'aligner 42 000 fuseaux supplémentaires. Et les rapports se succèdent ainsi jusqu'en 1914, date à partir de laquelle les archives restent muettes.

En consultant d'autres archives, comme celles de la Société cotonnière russo-française, établie en 1898 près de Moscou avec un capital de 10 millions de francs, nous pouvons nous faire une idée du destin de ces entreprises après la révolution[42]. Juste avant la

42. Centre des archives du monde du travail, 65 AQ H258.

guerre, la Société cotonnière possédait une filature de 113 210 fuseaux, une usine de tissage de 2 350 métiers et 4 500 ouvriers, ainsi qu'un complexe de maisons, d'hôpitaux et d'écoles pour les familles des ouvriers. Une augmentation avait porté le capital à 15 millions de francs, et en 1914 le chiffre d'affaires était de 42 millions de francs. À partir de juillet 1917 commence une période que les rapports d'exploitation qualifient d'« anarchique ». La direction n'ose plus pénétrer dans l'usine. La productivité s'effondre, et à Pâques 1918, l'usine est presque au point mort. En décembre 1918, la société est nationalisée. En 1923, les actionnaires cherchent toujours à savoir s'ils peuvent « reprendre l'exploitation de [leurs] usines », et demandent à un membre de la délégation française auprès de l'Union soviétique de se renseigner. Quand il leur rapporte les conditions draconiennes imposées par le gouvernement[43], ils comprennent qu'il n'y a plus d'espoir. Et de toute façon, par les temps qui courent, c'est en vain qu'ils chercheraient des nouveaux consommateurs en Union soviétique.

Comment comprendre les exportations de capitaux ?

Comme aujourd'hui, les analystes d'il y a un siècle se rendaient compte du côté moutonnier des spéculateurs et de l'irréalisme de leurs attentes ; mais ils croyaient quand même que dans l'ensemble, et sur le long terme, les investissements répondraient à des incitations solidement enracinées dans la réalité. Ce qui faisait l'objet de débat, c'étaient précisément ces incitations et cette réalité.

43. Pour continuer à exploiter l'usine sous la forme d'une concession, l'État demandait un emprunt de plusieurs millions de roubles-or ; une holding d'État détiendrait le monopole des fournitures en matières premières et de la vente des produits finis ; l'État, enfin, exigeait que les profits soient répartis en trois parts, entre la holding, l'État et les actionnaires français.

La position libérale

La plupart des économistes, hier comme aujourd'hui, s'accordent sur un point : en dehors du monde de la spéculation et des attentes irrationnelles, si les gens placent leur argent à l'étranger, c'est tout simplement parce qu'ils pensent y trouver un meilleur retour sur investissement. La France a connu une phase de récession et de stagnation entre 1873 et 1897, et même après cette date sa croissance fut plus faible que celle de ses voisins européens. Entre 1865 et 1895, le PNB anglais doubla, celui de l'Allemagne fut multiplié par 3,33, alors que le PNB français n'augmentait que d'un tiers[44]. La France perdait des parts de marché dans le commerce mondial. Sa croissance démographique était la plus faible d'Europe. Pourtant, les opportunités financières ne manquaient pas ; à partir des années 1890, le retour de la croissance et le boom de nouvelles industries comme l'automobile donnèrent un nouvel élan à l'économie française.

D'après les économistes libéraux de l'époque, le faible rendement des investissements en France était dû à une croissance trop molle, à la stagnation démographique, au taux d'épargne trop élevé, et à la rareté des opportunités intéressantes. Brion résume ainsi cette position en 1912 :

> La France, comme tous les pays organisés depuis longtemps, a déjà mis en œuvre les ressources de la nature : chez elle, il n'y a plus grand-chose à créer. Elle n'a plus de chemins de fer à construire, plus de villes à éclairer ou fournir de tramways ; elle n'a plus guère de nouvelles richesses du sol à découvrir et à exploiter. L'Allemagne, au contraire, dont la naissance économique date d'une époque relativement récente, n'a pas encore utilisé toutes ses ressources… Depuis vingt ans, les nouvelles industries sont relativement rares : un grand nombre de celles qui se créent annuelle-

---

44. Albert Broder, « La longue stagnation française : panorama général », *in* Y. Breton, A. Broder et M. Lutfalla (sous la dir. de), *la Longue Stagnation en France*, Paris, Economica, 1997, p. 9-58.

ment sont dues à de nouvelles découvertes scientifiques et elles n'exigent que peu de capitaux : telles sont les industries du phonographe, du cinématographe, de la photographie, les industries provenant des applications de l'électricité, l'industrie des automobiles, des aéroplanes[45].

Si l'on attend des épargnants qu'ils investissent en métropole ou dans les colonies, suggère Edmond Théry, les petits investisseurs s'avèrent en fait incapables de découvrir par eux-mêmes des placements suffisamment sûrs, qui ne bloquent pas leurs fonds et leur assurent un bon retour sur investissement. Il affirme lui aussi que la France produit plus de capitaux qu'elle n'en a besoin ; ce qui explique que le rendement net des investissements en France soit tombé de 6,05 % en 1850 à 5,3 % en 1869, puis à 3,60 % en 1890 et enfin à 3,28 % en 1907 :

> À quel taux le loyer des capitaux serait-il tombé en France, si l'épargne nouvelle n'avait eu à sa disposition les valeurs internationales ? Peut-être au-dessous de 1 %. C'eût été la ruine des petits rentiers, des employés, des salariés de tout ordre, car cette baisse, ou plus exactement cette dépréciation de la puissance d'action du capital, aurait provoqué à la fois une hausse des choses nécessaires à l'existence et une réaction économique générale[46].

Paul Leroy-Beaulieu, un économiste de renom, publie à destination des investisseurs novices un livre dans lequel il déconseille les placements dans l'industrie française, trop risqués pour les profanes ou ceux qui n'auraient pas de grands moyens (*L'Art de placer et de gérer sa fortune*[47]). Quant à la rente française, le problème est la « langueur » de l'économie française. Aussi l'investisseur avisé achètera-t-il plutôt des valeurs étrangères, même si leur rendement n'est que d'un demi-point supérieur :

---

45. M. Brion, *l'Exode des capitaux français à l'étranger*, *op. cit.*, p. 82-83.

46. E. Théry, *les Progrès économiques de la France. Bilan du régime douanier de 1892*, Paris, L'Économiste européen, 1908, p. 311-312.

47. Paul Leroy-Beaulieu, *l'Art de placer et de gérer sa fortune*, Paris, Ch. Delagrave, (1905 ?), p. 50.

> C'est pratiquer un grand dédain des richesses que de faire la moue à une augmentation d'intérêt de 0,5 %[48].

Brion affirme pour sa part que le rendement net des valeurs étrangères disponibles en France tourne autour de 4,28 % par an, quand les valeurs françaises de la Bourse de Paris ne donnent qu'entre 3,11 % et 3,21 %[49]. D'autres encore estiment à environ un point et demi la différence de rendement entre les emprunts russes et les obligations émises par l'État français.

Le calcul du taux de rendement des investissements en France et à l'étranger avant la guerre reste sujet à controverse, et les résultats diffèrent fortement selon la méthode employée et la période considérée. En prenant comme base leur taux d'émission, Harry Dexter White a calculé les rendements des valeurs françaises et étrangères pour l'année 1899 : les plus performantes s'avèrent les premières (4,28 % contre 3,85 % pour les valeurs étrangères[50]). D'autres études parviennent à la conclusion inverse. Le même débat oppose d'ailleurs les historiens du Royaume-Uni, quand ils évaluent la rentabilité des investissements en métropole et dans les colonies avant-guerre[51]. En Allemagne où l'épargne était beaucoup plus massivement investie dans les infrastructures et l'industrie nationales, Richard Tilly a montré qu'entre 1870 et 1914, le rendement moyen des obligations de l'État prussien (consols) était de 4,3 %, celui des actions d'entreprises industrielles nationales de 9,35 %, et celui des valeurs étrangères proposées à la Bourse de Berlin de 6,7 %[52]. Mais sous ces moyennes se cachent d'importantes

48. P. Leroy-Beaulieu, *l'Art de placer et gérer sa fortune*, *op. cit.*, p. 107-108.

49. *Ibid.*, p. 92-93.

50. H. D. White, *The French International Accounts…*, *op. cit.*, p. 271-272.

51. Voir Michael Edelstein, *Overseas Investment in the Age of High Imperialism, The United Kingdom 1850-1914*, New York, Columbia University Press, 1982 ; L. E. Davis et R. A. Huttenback, *Mammon and the Pursuit of Empire. The Political Economy of British Imperialism, 1860-1912*, Cambridge, Cambridge University Press, 1986.

52. Richard Tilly, "International Aspects of the Development of German Banking", R. Cameron et V. Bovykin (eds), *International Banking*, Oxford, Oxford University Press, 1991, p. 95.

fluctuations de l'écart entre valeurs nationales et valeurs étrangères. Les conseils de Leroy-Beaulieu laissent supposer qu'en France, tout comme en Grande-Bretagne et en Allemagne, cet écart n'était généralement pas assez significatif – ni dans un sens, ni dans l'autre – pour qu'un individu puisse situer ses propres intérêts à la seule lecture des cours de la bourse. Dans ces conditions, comment les épargnants prenaient-ils leurs décisions ?

Les structures du capitalisme français

Aux yeux de l'opposition de droite ou de gauche et des journalistes qui menèrent la charge contre l'exportation des capitaux, l'erreur était de croire que le monde était tel que les individus faisaient leur choix en consultant le tableau des cours de la bourse. « Lysis » lança le débat sur l'évasion des capitaux avec une série d'articles dans *La Revue* et *L'Humanité*, qui accusaient les institutions du capitalisme français de dicter leurs choix et leurs réponses aux investisseurs[53].

> Comment des écrivains compétents peuvent-ils attribuer la baisse des valeurs françaises aux ventes spontanées des capitalistes et ne faire aucune allusion à cette formidable organisation financière qui règne en France et dont nul ne conteste le pouvoir[54] ?

Selon Lysis, ce n'étaient ni les décisions individuelles, ni l'ivresse capitaliste, mais bien les banques commerciales qui dirigeaient l'épargne individuelle vers les investissements à l'étranger. Les investisseurs individuels n'avaient le choix qu'entre les options institutionnelles qui leur étaient proposées. Aussi la vraie question

---

53. Lysis était le pseudonyme d'Eugène Letailleur, un journaliste qui publia de nombreux livres sur le sujet. Quelques-uns de ses premiers articles ont été réunis dans *Contre l'oligarchie financière en France* (Paris, Albin Michel, 1912). Ses thèses furent attaquées par Testis (pseudonyme probable de Raphaël-Georges Lévy) dans *le Rôle des établissements de crédit en France. La vérité sur les propos de Lysis*, Paris, Revue politique et parlementaire, 1907.

54. Lysis, *Contre l'oligarchie financière en France*, *op. cit.*, p. 138.

était-elle la structure du capitalisme français et l'organisation des banques commerciales.

Les établissements attaqués par Lysis et les députés qui s'en prirent aux emprunts étrangers lors du débat parlementaire sur les exportations de capitaux, étaient des banques de dépôt de fondation récente, qui avaient attiré l'épargne de millions de clients. Ces banques, au premier rang desquelles le Crédit Lyonnais, s'étaient taillées la part du lion dans les négociations et le placement des emprunts d'État étrangers – rôle qui avait été assumé auparavant par la *haute banque* (Rothschild, Hopes, Hottinguer, entre autres). Après quelques échecs lors de leurs premières tentatives d'emprunt à des entreprises françaises, ces banques de dépôt s'étaient réorientées vers le crédit commercial à court terme et les emprunts d'État étrangers. La philosophie d'Henri Germain, le fondateur du Crédit Lyonnais, se trouve ainsi résumée dans le rapport d'activité qu'il présente à ses actionnaires en 1901 :

> L'orientation de nos efforts est toujours dirigée vers les affaires de banque. On aurait voulu quelquefois nous voir rechercher les affaires industrielles. Il en est assurément d'excellentes, mais les entreprises industrielles, même les mieux conçues, même les plus sagement administrées, comportent des risques que nous considérons comme incompatibles avec la sécurité indispensable dans les emplois de fonds d'une banque de dépôt[55].

Des critiques se firent entendre pour dénoncer les généreuses commissions empochées par les banques en vendant des valeurs étrangères et en manipulant les marges entre les taux auxquels elles négociaient les emprunts et ceux auxquels elles les revendaient à leurs clients français. Entre 1897 et 1903, 30 % des profits du Crédit Lyonnais provinrent des affaires russes. Par contraste, les banques allemandes se concentraient sur le développement de leur industrie nationale, des liens étroits et de long terme se nouant entre les banques leaders et certaines entreprises de la grande indus-

55. Lysis, *Contre l'oligarchie financière en France*, *op. cit.*, p. 53.

trie. Même les petites et moyennes entreprises allemandes avaient accès au crédit et au prêt. Si seulement les banques françaises faisaient comme les allemandes et investissaient dans notre pays ! se lamentaient les critiques. Dans ce cas, les obstacles bien réels au dynamisme économique, responsables du faible taux d'investissement en France, auraient pu être dépassés pour peu que les industries de toutes tailles eussent accès au crédit. Dans un environnement d'expansion économique et de prospérité, affirmaient-ils, les familles feraient plus d'enfants, les hommes d'affaires seraient plus ouverts à l'innovation, le commerce se développerait avec la construction de nouvelles routes, de voies de chemin de fer et d'infrastructures portuaires.

Même les modérés, dans les partis de gouvernement, accusaient les banques de favoriser les investissements étrangers. Comme le dit Aristide Briand en 1910, « l'or de notre pays ruisselle sur le monde entier et si l'on peut exprimer une inquiétude ou un regret, c'est qu'il n'en reste pas assez dans le pays lui-même[56]. » D'autres allèrent beaucoup plus loin, suivant Lysis dans sa charge contre la fuite des capitaux orchestrée par les banques, cause principale de la stagnation économique du pays. En réponse à tous ces arguments, les défenseurs des banques emmenés par « Testis » affirmaient que les us et coutumes des banques françaises ne différaient en rien des pratiques de leurs homologues étrangères : les banques ne devaient pas être conçues comme des monopoles, mais comme des grands magasins. Ce n'était pas leur faute si l'économie française marchait au ralenti : la vraie raison, expliquaient-ils, tenait à la maturité économique du pays, à sa stagnation démographique, au manque de ressources naturelles et à l'agressivité des classes laborieuses[57].

---

56. Émile Becqué, *l'Internationalisation des capitaux*, Montpellier, Imprimerie du Midi, 1912, p. 175.

57. Testis, *le Rôle des établissements de crédit en France...*, *op. cit.*, p. 60-61.

Accusées de tirer profit d'activités qui vidaient le marché français des capitaux et faisaient courir des risques aux épargnants, les banques se voyaient également reprocher de saper les bases de la démocratie française. Les critiques affirmaient qu'elles cherchaient à affaiblir la République. Les banques agitaient le chiffon rouge du socialisme et de la révolution pour terroriser leurs clients et les inciter à investir à l'étranger. Elles ne cessaient de prophétiser, avec l'arrivée des socialistes au pouvoir, l'instauration de nouveaux impôts pour inviter les investisseurs à mettre une partie de leurs avoirs à l'abri du fisc. Enfin, les banques se voyaient accuser de servir la cause de l'ennemi en finançant l'industrie allemande. Après la guerre de 1870, les valeurs allemandes n'avaient pas accès à la place de Paris, mais il restait bien des façons de transférer les capitaux français en Allemagne, comme par exemple la conversion d'emprunts étrangers initialement négociés sur les marchés allemands, l'achat de valeurs allemandes à Londres ou à Bruxelles, ou encore la vente de titres de propriétés ou de parts de mines françaises. La plus controversée était les prêts bancaires accordés à des gouvernements étrangers qui tournaient casaque et utilisaient les capitaux français pour acheter des armes aux industriels allemands.

Les banques, leur course au profit, leur antisocialisme ou leur antirépublicanisme étaient les cibles principales du débat sur les liens entre l'évasion des capitaux et les structures de l'économie française. Mais deux variantes plus radicales et plus dangereuses de cet argument apparurent bientôt. Des auteurs d'extrême droite se jetèrent dans la mêlée en accusant les Juifs de s'être associés aux Allemands – « compère et garde-chiourme » – selon un plan visant à transférer en Allemagne les forces productives de la France. Léon Daudet en conclut[58] que « l'Avant-Guerre, s'il en était besoin, justifierait l'antisémitisme comme une nécessité de la Défense

58. Léon Daudet, *l'Avant-Guerre. Études et documents sur l'espionnage juif-allemand en France depuis l'affaire Dreyfus*, Paris, Nouvelle Librairie nationale, 1913, p. 303, 308-309.

nationale ». Le procès intenté aux Juifs ne fait pas toujours d'eux les alliés complaisants des Allemands ; ils se voient quelquefois accusés d'être les instigateurs du complot, comme dans cette charge d'Auguste Chirac :

> Notre étrange République est gouvernée par un roi appelé Rothschild, ayant pour courtisan ou pour domestique, la banque juive ; celle-ci tirant avec elle ou repoussant, selon les cas, les autres banques et dictant des lois aux parlements comme aux ministres qui – les innocents ! – croient gouverner ce pays[59].

À l'autre extrémité du spectre politique, la gauche commençait à développer des analyses qui faisaient des banques la clé de voûte du capitalisme moderne. Le dirigeant socialiste Jules Guesde le dit sans mâcher ses mots lorsqu'il évoque les spéculations qui ont plongé l'industrie lyonnaise de la soie dans la crise :

> Les tripotages financiers... sont à un ordre social fondé non pas sur le travail, mais sur l'exploitation du travail ce que le choléra est au delta du Gange, un produit aussi nécessaire que logique[60].

Mais l'analyse la plus élaborée, la plus puissante et la plus influente du pouvoir financier dans le capitalisme moderne fut développée par Lénine dans *l'Impérialisme, stade suprême du capitalisme*, dans lequel il se réfère largement aux débats français en citant fréquemment Lysis[61].

---

59. Auguste Chirac, *l'Agiotage de 1870-1886*, première partie, Paris, Revue Socialiste, 1887, p. 62. Cette vision hallucinée se poursuit ainsi : « Assoiffés de luxe insolent, affamés de cette souveraineté que leur procure leur oisiveté, les agioteurs dédaignent l'exploitation des terres dans les États d'Occident où ils résident ; car là, sous l'œil d'un populaire plus clairvoyant, ils n'oseraient pas employer les procédés de vampires dont, impunément, ils se servent à l'étranger ; et voilà pourquoi ils rêvent l'affermage de pays entiers, tout là-bas, bien loin, hors du regard ! C'est ainsi que Rothschild a l'Égypte, Hirsch, la Turquie d'Europe, Camondo, la Roumanie, Dreyfus, le Pérou, c'est ainsi que d'autres, dont la liste serait trop longue, tiennent sous leur talon des morceaux de pays, des fractions de provinces, des villes entières, des routes, des canaux et tous les instruments indispensables au travail et à la vie humaine. »

60. Cité par A. Chirac, *l'Agiotage de 1870-1886*, *op. cit.*, p. 49.

61. Lénine, *l'Impérialisme, stade suprême du capitalisme* (1916), Paris, Éditions sociales, 1979.

L'État, promoteur des exportations de capitaux

Certains spécialistes d'économie politique débattaient à l'époque pour savoir si les exportations de capitaux devaient être comprises comme des réponses rationnelles aux signaux du marché ou comme les effets institutionnels du capitalisme à la française. Mais d'autres trouvèrent une explication plus simple. L'argent fuyait l'Hexagone parce que le gouvernement se servait des exportations de capitaux comme d'un instrument politique. Dans cette perspective, les investissements à l'étranger étaient le levier grâce auquel la France pouvait renforcer son pouvoir dans l'arène internationale. Comme l'expliquait Brion en 1912, les exportations de capitaux palliaient les faiblesses françaises : une économie léthargique, un dispositif militaire inadéquat. Ces exportations devaient alors être considérées comme le véhicule de l'influence française dans le monde : « L'exportation de nos capitaux est en quelque sorte la dernière forme de notre rayonnement dans le monde[62]. » Testis, lui aussi, étaie son argumentation sur les bénéfices politiques des investissements à l'étranger en mettant en évidence les avantages qu'ils offrent à la diplomatie française :

> [Les pays étrangers] l'aiment aussi pour son argent, et c'est là le secret de bien des alliances et des amitiés. La France ressemble à une jeune fille, parée de toutes les grâces de la personne et de l'intelligence, avec laquelle on flirte d'autant plus volontiers qu'on la sait richement dotée[63].

Les emprunts russes illustrent parfaitement cette thèse. Depuis la défaite de 1870, la France a fait de la rupture de son isolement international l'axe central de sa diplomatie ; or, depuis le premier gros emprunt signé en 1888, le ministère des Affaires étrangères considère l'argent comme l'instrument qui lui permet-

62. M. Brion, *l'Exode des capitaux français*..., *op. cit.*, p. 219.

63. Testis, *le Rôle des établissements de crédit en France*..., *op. cit.*, p. 169.

tra de casser l'alliance entre les Russes et les Allemands[64]. Après le refus germanique de renouveler le traité de Réassurance, le tsar se laisse peu à peu convaincre, non sans réticence, qu'il faut traiter avec les Français. Une correspondance entre les deux puissances, en 1891, précède la conclusion d'un accord secret d'alliance militaire (le 27 août 1891), finalement signé par le tsar en 1893. À l'origine, les fonds étaient exclusivement dirigés vers des emprunts d'État destinés à consolider la dette et à financer des projets d'infrastructures (chemins de fer, ponts, ports[65]). Mais progressivement, on vit bientôt des flots de capitaux français alimenter des investissements directs dans des firmes russes et dans des entreprises que les Français montaient eux-mêmes en Russie[66]. Les secteurs favoris des investisseurs français étaient la métallurgie, l'acier, le fer, les mines, le textile et l'habillement. En 1910, cinq grands industriels français du textile employaient 10 000 salariés dans leurs filiales russes et polonaises. En 1917, quand éclate la révolution, 44 % des banques russes sont détenues par des étrangers (dont la moitié sont français). Un emprunt en suivant un autre, les gouvernements français commençaient à mieux comprendre l'état des finances publiques russes, et les Français se rendirent compte que la ruine du débiteur serait un désastre pour le créditeur, comme le note un

64. Voir George F. Kennan, *The Fateful Alliance*, Manchester, Manchester University Press, 1984 ; R. Girault, *Emprunts russes et investissements français*, *op. cit.* ; Jacques Kayser, *Kronstadt à Khrouchtchev*, Paris, Armand Colin, 1962 ; A. Hogenhuis-Seliverstoff, *Une alliance franco-russe*, Bruxelles, Bruylant, 1997.

65. R. Girault, *Emprunts russes et investissements français*, *op. cit.* ; B.V. Anan'ich et V. L. Bovykin, "Foreign Banks and Foreign Investment in Russia", R. Cameron et V. I. Bovykin (eds), *International Banking, 1870-1914*, *op. cit.*, p. 253-279.

66. Olga Crisp, "French Investment in Russian Joint-Stock Companies, 1894-1914", *Business History*, vol 2, n° 1-2, juin 1960, p. 75-90 ; et J. P. McKay, *Pioneers for Profit...*, *op. cit.* À cette époque, les investissements français en Russie ne sont pas les seuls où l'on puisse observer un glissement des emprunts d'État aux emprunts privés et des valeurs en actions aux investissements directs. Sur la période 1910-1913, Cameron estime que plus de la moitié des investissements français étaient placés dans des entreprises privées (R. Cameron, *France and the Economic Development of Europe, 1800-1914...*, *op. cit.*, p. 487).

haut responsable du ministère des Finances en 1905[67]. Il fut vite trop tard pour reculer. Cette politique connut un épisode critique entre 1904 et 1906, quand la guerre russo-japonaise et la flambée révolutionnaire en Russie déclenchèrent une panique chez les investisseurs étrangers en révélant l'état des finances russes et la faiblesse du régime tsariste. Sous les pressions insistantes du gouvernement de Maurice Rouvier, les banques françaises garantirent aux Russes leur crédit[68]. L'emprunt d'avril 1906 fut le plus important de tous.

Il y a ici une énigme : même si l'on comprend l'intérêt politique d'une alliance avec la Russie, comment l'État parvint-il à convaincre les citoyens d'investir en Russie ? Comment fit-il pour vaincre la méfiance des investisseurs quant aux placements à l'étranger après le scandale du Panama, qui éclata l'année même du premier emprunt russe ? Son levier principal fut le contrôle de l'introduction des valeurs étrangères à la Bourse de Paris[69]. L'admission à la cote était décidée par la Chambre syndicale des agents de change, mais pour les valeurs étrangères publiques et privées, une autorisation préalable devait d'abord être accordée par le ministère des Finances et le ministère des Affaires étrangères. Le gouvernement refusait systématiquement toutes les valeurs allemandes, mais pour le reste les cas de rejets étaient rares. Dans les années qui précédèrent la guerre, le gouvernement fit pression sur les gouvernements étrangers pour qu'ils signent des contrats avec l'industrie française, faute de quoi leurs valeurs ne seraient pas admises ; mais ce procédé ne fut pas systématique. Certaines des demandes d'admission à la cote qui furent refusées étaient d'une

---

67. R. Girault, *Emprunts russes et investissements français*, *op. cit.*, p. 22.

68. Gilbert et Yvonne Singer-Lecocq Guilleminault, « Le mirage des emprunts russes », *in* G. Guilleminault, *le Roman vrai de la IIIe et de la IVe République. Première Partie, 1870-1918,* Paris, Robert Laffont, 1991 ; voir aussi R. Girault, *Emprunts russes et investissements français*, *op. cit.*

69. Roger Ribière, *De l'admission à la cote dans les bourses françaises de valeurs,* Paris, A. Pedone, 1913 ; M. Brion, *l'Exode des capitaux français à l'étranger*, *op. cit.* ; É. Becqué, *l'Internationalisation des capitaux…*, *op. cit.*

importance considérable, comme par exemple l'inscription d'un emprunt demandée par le gouvernement turc en 1910. Mais si une admission officielle à la cote rassurait les petits investisseurs, elle n'était pas absolument nécessaire pour lever des fonds français. Beaucoup de valeurs étrangères n'étaient pas cotées à la Bourse de Paris, mais pouvaient tout de même être vendues légalement aux investisseurs français par les banques ou d'autres intermédiaires.

L'impôt constituait un autre instrument de contrôle public des flux de capitaux, même si, là encore, les effets en étaient limités. En principe, le taux des taxes prélevées sur les titres étrangers et nationaux était le même. En réalité, l'impôt sur les investissements étrangers était plus léger, car l'État avait plus de mal à le collecter, les systèmes de perception étant assez différents. Au fil des ans, toute une palette de mesures législatives fut proposée pour réformer le système, parmi lesquelles un projet socialiste visant à encourager les familles à dénoncer ceux de leurs membres qui ne déclareraient pas les valeurs étrangères reçues à l'occasion d'un héritage : le délateur devait se voir octroyer les titres en question. Cette idée ne fut pas retenue, pas plus que d'autres projets moins draconiens proposés par les ministres des Finances successifs.

Les instruments institutionnels autorisant l'État à réguler les exportations de capitaux n'étaient pas très efficaces et on les employait peu. La régulation dépendait surtout de deux canaux informels. Tout d'abord l'interpénétration des élites respectives du monde des affaires et du monde politique. Comme l'a montré Jean Garrigues dans *la République des hommes d'affaires* (1997), les députés et les ministres les plus influents siégeaient pour la plupart dans les conseils d'administration des banques, des compagnies de chemin de fer, de transport maritime et dans l'industrie. Le cas de Maurice Rouvier en fournit une illustration exemplaire : il fut ministre des Finances, puis des Affaires étrangères, et enfin Premier ministre (1905-1906) tout en continuant à diriger la Banque française du commerce et de l'industrie. En temps normal, le jeu des influences réciproques bénéficiait plutôt au monde des affaires qu'à celui du pouvoir. Comme le note l'ambassadeur russe Isvolsky, dans une lettre adressée le 29 mars-12 avril 1912 à Sazonof, son ministre des Affaires étrangères,

> en pratique ce ne sont pas les banques qui se trouvent entre les mains du gouvernement mais très souvent, au contraire, le gouvernement qui, en raison des conditions politiques d'ici, est soumis aux financiers[70].

Toutefois, quand les affaires internationales entraient dans des phases de tension importante, les politiques étaient capables de reprendre la main et d'amener hommes d'affaires et banquiers à faire des choix moins conformes à leurs propres intérêts, comme on l'a vu avec l'emprunt russe de 1906. Ce sont ces mêmes réseaux informels, renforcés par des sentiments nationalistes (ou par la peur de réactions nationalistes), qui semblent avoir contribué à limiter les investissements français en Allemagne. Même s'il est impossible d'en mesurer précisément la portée, l'imbrication des élites politiques et économiques a sans aucun doute influé sur la direction et le volume des flux de capitaux.

L'État français procéda aussi plus discrètement pour conduire les épargnants à soutenir les objectifs de sa politique extérieure : par la corruption des journalistes, qui étaient payés par la Russie avec le soutien actif de l'État et du syndic de la Chambre des agents de change pour donner une bonne image des finances et de l'économie russes. Après la révolution, Boris Souvarine publia des documents trouvés dans les archives du ministère russe des Affaires étrangères et les publia en français dans *L'Humanité* : l'enthousiasme de la presse française sur les investissements en Russie est directement proportionnel aux sommes remises par les Russes aux journalistes jugés les plus influents[71].

---

70. René Marchand (sous la dir. de), *Un livre noir. Diplomatie d'avant-guerre d'après les documents des archives russes*, Paris, Librairie du travail, [1922 ?], p. 233.

71. Arthur Raffalovitch, *l'Abominable vénalité de la presse française…, d'après les documents des archives russes (1897-1917)*, Paris, Librairie du travail, 1931.

La corruption de la presse financière est une histoire extraordinaire: la plus grande partie des fonds était fournie par les Russes (et une petite partie par les banques françaises), le gouvernement français exerçant une pression constante pour faire augmenter la dose. La nouvelle des revers russes face au Japon en 1904, puis celle des soulèvements populaires de la révolution de 1905, firent monter en flèche les tarifs des journalistes. Les versements atteignirent quelque 250 000 francs par mois en 1905. Arthur Raffalovitch était le trésorier en chef de ces opérations: journaliste financier distingué et agent russe dont les lettres et les notes furent découvertes dans les archives russes et publiées après la guerre, c'est lui qui répartissait les pots-de-vin. Raffalovitch entretenait une correspondance régulière avec Witte, le ministre des Finances, avec Kokovtsev, le Premier ministre, et avec Sazonov, le ministre des Affaires étrangères. Son rôle était de transmettre les avis du gouvernement français sur le montant et la répartition des sommes destinées à assouplir les plumes des journalistes qui couvraient les affaires russes. Pendant la première moitié de 1904, note Raffalovitch, « l'abominable vénalité de la presse française » coûta ainsi aux Russes et aux banquiers français 600 000 francs qui vinrent s'ajouter aux frais publicitaires des nouveaux emprunts[72]. La liste de Raffalovitch permet de dresser un bilan approximatif des liens entre les bénéficiaires de ces largesses et les journaux favorables à la Russie. Par exemple, la *Semaine financière*, qui émargeait chez Raffalovitch, écrivait le 28 août 1909:

> Les crises politiques ne sont plus à craindre. L'ère des gros emprunts est close. Si la Russie doit faire de nouveaux emprunts, ils seront limités aux besoins de l'extension qu'elle devra donner à ses voies ferrées.

À cette époque, la Russie en était réduite à emprunter pour rembourser ses emprunts précédents... Du même acabit, ces notes de Jean Dorat dans *La France économique et financière* du 12 mars 1913:

---

72. A. Raffalovitch, *l'Abominable vénalité de la presse française...*, *op. cit.*, p. 38.

> Dans tous les domaines, la Russie nous est apparue comme disposant d'une masse presque inépuisable de ressources et de forces et comme gardant devant elle une très forte image d'expansion… L'État russe est aujourd'hui – pour s'en tenir aux disponibilités du Trésor – le plus riche de l'Europe. S'il est vrai que l'argent est le nerf de la guerre, nos lecteurs jugeront d'eux-mêmes quel cas la France peut faire de l'alliance russe.

D'autres journalistes, ceux que Raffalovitch disait si hostiles qu'il était inutile d'essayer de les acheter, contestaient ces radieuses perspectives. Entre janvier et mars 1913, au moment même où Dorat se montre si enthousiaste envers l'allié russe, le député Charles Dumas publie une série de huit articles sur l'état de la Russie : il y décrit un chaos politique et évoque les spectres de « la folie, du crime et de la révolution » qui planent autour du trône. Dumas affirme que l'armée russe a fait la preuve de sa faiblesse et qu'elle ferait un piètre allié. Si le Crédit Lyonnais consentait un nouveau prêt, cela reviendrait à jeter l'argent français dans un gouffre (*Le Courrier parlementaire*, 12 janvier-16 mars 1913). D'autres journalistes signalèrent l'état désastreux des finances russes et parlèrent d'insolvabilité. Un article intitulé « Fonds russes, mines d'or, valeurs étrangères », paru dans la *Revue financière* du 8 novembre 1906, se demandait pourquoi les Français refusaient si complaisamment de se rendre à l'évidence. Saint-Pétersbourg n'étant qu'à 48 heures de Paris, n'importe qui pouvait visiter la Russie et se faire une idée de ses affaires :

> Cette immense richesse de la Russie sur la foi de laquelle nous avons prêté des milliards n'existe pas, ou tout au moins elle n'existe qu'en puissance et il faudra des années et des années de travail calme et intelligent pour la développer.

La *Revue* citait un éminent économiste russe selon lequel le budget de son pays n'était qu'« un objet décoratif pour l'étranger[73] ». Le *Times* de Londres évoqua, lui aussi, le 6 août 1906 l'état drama-

73. « La France et les finances russes », *in La Revue*, repris dans *La Petite République*, 31 janvier 1906.

tique des finances russes et les larges sommes déboursées pour cacher la situation aux investisseurs français. Jaurès lui-même se serait vu proposer de l'argent pour renflouer *L'Humanité*, alors en proie à des difficultés financières, à condition de publier des articles plus positifs sur la Russie. Les détails sur la corruption de la presse ne seraient connus qu'après la guerre, mais on savait dès cette époque que les journalistes étaient payés pour tromper le public.

Les débats politiques sur les exportations de capitaux

Pourtant, on ne peut expliquer totalement ni par un intérêt économique manifeste, ni par l'intervention politique pourquoi les investisseurs français envoyèrent de l'argent dans des pays mal gérés, pour financer des industries et des infrastructures pour le moins aventureuses. On comprend encore moins pourquoi la gauche et le mouvement ouvrier, virtuellement les plus exposés, et donc potentiellement opposés à la mobilité des capitaux, du travail et des biens, ne mirent pas en doute la légitimité de cette mondialisation. Si le capital investi à l'étranger était resté en France, la croissance économique aurait été plus vive, les emplois plus nombreux et les salaires plus élevés[74]. La libéralisation des échanges commerciaux pouvait exposer les ouvriers français à des baisses de salaires. Quand les politologues d'aujourd'hui cherchent à anticiper les réponses des différents groupes sociaux à la mondialisation, leurs lectures supposent presque toujours une hostilité des salariés des sociétés développées à l'ouverture des frontières commerciales et financières. Des spécialistes comme Ronald Rogowski et Jeffry Frieden ont analysé les conséquences politiques de la mondialisa-

74. Voir les calculs de M. Lévy-Leboyer et F. Bourguignon dans *l'Économie française au XIXe siècle*, *op. cit.*

tion en se fondant sur la théorie classique du commerce international : ils en déduisent que les salariés des pays développés sont logiquement portés à s'opposer au libre-échange, aux migrations sans contrôle et à la mobilité des capitaux[75]. Aujourd'hui, la position des syndicats et de la gauche en général va assurément dans ce sens. Les politologues partent des modèles contemporains du commerce international comme celles de Heckscher-Ohlin, Stolper-Samuelson, Ricardo-Viner. Toutes sont fondées sur les raisonnements de Ricardo qui voyait dans les avantages comparatifs et relatifs la principale explication du bénéfice que les nations attendent de l'échange. Ces théorèmes mettent en lumière des logiques commerciales fondées sur la répartition internationale des facteurs de production. Les politologues déduisent de ces schémas des modèles qui montrent comment les groupes sociaux, définis à partir des facteurs de production, voient leurs ressources affectées par l'ouverture ou la fermeture économique. Si l'on répartit les intérêts selon la propriété des facteurs de production (la terre, le travail ou le capital), et si ceux-ci sont soumis à une mobilité internationale, comme c'est le cas dans le schéma de Heckscher-Ohlin, ou incorporés dans des biens et des services marchands, comme dans le modèle de Stolper-Samuelson, on peut déterminer précisément quel groupe défendra l'ouverture économique et quel autre s'y opposera. Dans les sociétés où le capital est relativement abondant, et qui possèdent donc un avantage comparatif dans l'exportation de capital ou de produits nécessitant de gros investissements, les capitalistes soutiendront la libéralisation des échanges commerciaux et financiers, tandis que les travailleurs s'y opposeront.

---

75. Ronald Rogowski, *Commerce and Coalitions*, Princeton, New Jersey, Princeton University Press, 1989 ; Jeffry Frieden, "Invested Interests: the Politics of National Economic Policies in a World of Global Finance", *International Organization*, 45, n° 4, 1991, p. 425-451 ; R. Rogowski et J. Frieden, "The Impact of the International Economy on National Policies: An Analytical Overview", *in* R. Keohane and H. Milner, *Internationalization and Domestic Politics*, New York, Cambridge University Press, 1996, p. 25-47.

Ces hypothèses sont pourtant démenties par l'histoire du mouvement socialiste et syndical, par les débats parlementaires sur les flux de capitaux et par les publications et les actes des congrès syndicaux et socialistes qui eurent lieu avant la Première Guerre mondiale. Comme les sociaux-démocrates allemands, les socialistes et les syndicalistes français rejetaient le protectionnisme, pour sa dimension nationaliste d'abord, mais aussi parce qu'il renchérissait le coût de la vie pour les ouvriers. Les débats qui agitèrent la Fédération du textile du 12 au 15 août 1905 à propos des tarifs douaniers sont exemplaires d'interrogations promises à un long avenir dans l'histoire du mouvement syndical. On décida que le syndicalisme devait rester neutre sur la question des tarifs : le seul véritable terrain de lutte était celui de la lutte des classes. Les conflits sur les tarifs menaient à la guerre et à la misère pour tous[76]. Le dirigeant socialiste belge Émile Vandervelde exprimait un consensus en soutenant que l'autarcie nationaliste allait à l'encontre de l'idéal internationaliste du socialisme, qui voulait abolir les frontières et assurer une vie décente aux travailleurs du monde entier[77].

C'est dans le même esprit internationaliste que les socialistes d'alors refusèrent de soutenir les lois qui visaient à réduire l'immigration[78]. Fallait-il la limiter ? Ce fut l'un des grands enjeux du congrès international des socialistes au tournant du siècle. Aux États-Unis et en Australie, les syndicats s'étaient mobilisés en faveur d'une législation restrictive. En France, syndicats et socialistes affirmaient que ce serait une trahison de la solidarité internationale :

---

76. *La Voix du peuple* (CGT), 9-16 septembre 1906.

77. En Grande-Bretagne aussi, le mouvement coopératif et les organisations ouvrières se déclarèrent partisans du libre-échange, alors même qu'ils attaquaient le laisser-faire. Voir à ce sujet F. Trentmann, "Civil Society, Commerce, and the 'Citizen-Consumer': Popular Meanings of Free Trade in Late Nineteenth- and Early Twentieth-Century Britain", Center for European Studies Working Paper, n° 66, Harvard University, s.d.

78. Giuseppe Prato, *le Protectionnisme ouvrier*, Paris, Marcel Rivière, 1912 ; Maurice Hollande, *la Défense ouvrière contre le travail étranger*, Paris, Bloud & Cie, 1912.

> C'est d'abord [le danger] de considérer la classe ouvrière d'un pays comme ayant un privilège : de fermer, par exemple, l'entrée des syndicats aux immigrants et de leur interdire l'accès à certaines professions[79].

La gauche comprenait fort bien que la mobilité des travailleurs et des capitaux menacerait les emplois et les salaires français, mais elle voyait dans ces mouvements migratoires des forces qui finiraient par renforcer la solidarité internationale de la classe ouvrière. Comme le notait Bracke dans *L'Humanité* du 2 août 1907,

> l'internationalisme ouvrier sort de l'internationalisme capitaliste. [...] Soit par appel aux ouvriers de l'étranger, qui viennent comme concurrents, comme briseurs de grèves, comme rivaux pour les salaires, soit par l'organisation de l'exportation de capitaux, qui créent en Pologne la concurrence aux ouvriers roubaisiens, la bourgeoisie oppose aux prolétaires de sa nation les prolétaires d'un autre pays moins avancé dans l'évolution...

Au cours des grands débats parlementaires sur les emprunts étrangers, dans la décennie qui précéda la guerre, les socialistes acceptèrent l'idée que le capital devait circuler librement d'une nation à l'autre. Les investisseurs français devaient pouvoir placer leurs fonds dans les pays en voie de développement, fût-ce au détriment des investissements, et donc des créations d'emplois, en France. Les débats sur l'exportation des capitaux, à la Chambre, coïncidèrent avec deux questions particulièrement brûlantes qui leur donnèrent une portée particulière : la politique russe de la France pendant et après la révolution de 1905, et les efforts du ministre des Finances Joseph Caillaux pour imposer l'impôt sur le revenu. Les socialistes s'opposaient farouchement à de nouveaux emprunts russes, à l'heure où la police tsariste tirait sur les manifestants et encourageait les pogroms. Comme l'écrit Léon Rémy dans *L'Humanité*, le 7 janvier 1908 :

> On fournit à l'abominable tsarisme le poignard qui frappe la révolution dans le dos et donne à ses tenants des rentes facilement

79. Bracke, « L'émigration ouvrière », *L'Humanité*, 25 juillet 1907.

> acquises. Un peu de bassesse suffit. Il faut que les camarades protestent.

Des députés de centre gauche exigeaient eux aussi que les emprunts ne soient autorisés que sous certaines conditions politiques. Clemenceau, dans *L'Aurore* du 30 janvier 1906, écrit ainsi :

> C'est nous qui avons remis au tsar le moyen d'aller faire en Mandchourie la démonstration de l'effondrement de sa bureaucratie... Après lui avoir fourni toutes les ressources financières qui devaient lui procurer la défaite devant l'étranger, il nous restait à lui fournir les ressources financières destinées à assurer sa victoire sur ses propres sujets. [...] Si un gouvernement peut se constituer non plus pour promettre des réformes, mais pour en faire, on peut encore obtenir le concours de la France républicaine. Sinon, qu'on s'adresse à Guillaume II pour entretenir la Barbarie.

Une fois la Douma élue, les socialistes insistèrent pour que les nouveaux emprunts accordés à l'État russe soient soumis à son approbation. Dans l'une des nombreuses interventions socialistes à la Chambre sur ce sujet, Gustave Rouanet évoqua l'état désastreux des finances russes, qui rendait les emprunts très risqués pour les épargnants français. Mais c'étaient surtout les intérêts moraux et l'honneur de la France qui étaient en jeu. En Perse aussi, d'ailleurs, les investisseurs français soutenaient la contre-révolution :

> La politique de la France ne peut être qu'une politique libérale, constitutionnelle, sympathique aux peuples en voie d'affranchissement politique. Et, pour cette raison, vous devriez vous opposer à ce que les milliards de la France servent à entretenir le despotisme à la fois dans les pays emprunteurs et dans les pays où le despotisme se sert de cet argent pour perpétuer un régime d'oppression destructeur de nos propres intérêts politiques (*applaudissements à l'extrême gauche*[80])

À quoi le ministre des Affaires étrangères répondit que de telles remarques constituaient d'inacceptables intrusions dans les affaires d'un pays étranger, qui était un allié de surcroît.

---

80. *Journal officiel*, séance du 21 janvier 1909, p. 98.

Les mêmes thèmes furent développés en 1907 par Jean Jaurès pour qui le despotisme était la véritable cause de l'agitation sociale et économique en Russie :

> En permettant de nouveaux emprunts, vous fournissez des armes à ce despotisme contre la nation, c'est vous qui préparez la ruine du crédit de la Russie[81].

Pourtant l'orateur ne s'opposait pas sur le principe à des investissements français, fût-ce en Russie :

> M. JAURÈS. – Je ne suis pas opposé de parti pris, pour ma part, à tout placement de capital français dans des pays étrangers. Hier, M. le ministre des Finances opposait à la démonstration d'un de nos amis : « Mais voilà du nationalisme financier ! » Non, monsieur le ministre, c'est une question de mesure et de sagesse. Il est impossible, et sans doute ne serait-il pas bon, d'interdire aux capitaux français, à l'heure où le monde entier est en travail et en croissance économique, de participer à ce mouvement.
>
> M. Joseph CAILLAUX, ministre des Finances. – Ce serait contraire à toutes vos doctrines.
>
> M. JAURÈS. – Ce serait contraire, en un sens, à nos doctrines quoiqu'il ne faille pas confondre l'internationalisme qui harmonise les nations et le cosmopolitisme qui les dupe… Mais je dis que c'est une question de mesure… plus il est inévitable et en un sens, bienfaisant, que l'épargne française participe au-dehors au développement de l'outillage économique des hommes, plus il importe que cette expansion de l'épargne française, du capital national se produise avec prudence et sagesse, en laissant aux œuvres d'industrie nationale une juste part et en n'introduisant sur les marchés que des valeurs contrôlées[82].

Si les socialistes s'inquiétaient des exportations de capitaux, ce n'était pas seulement en raison de leur impact politique sur des États étrangers, mais aussi de leur impact sur la politique française. Tout en luttant contre le soutien de l'argent français à l'État tsariste, ils s'en prenaient aussi à la menace brandie par la droite, qui

81. *Journal officiel*, séance du 8 février 1907, p. 339.
82. *Ibid.*, p. 338.

affirmait qu'une réforme sociale et la création d'un impôt sur le revenu feraient fuir les capitaux hors de France. Lors du débat parlementaire du 30 novembre 1909, le député socialiste Henri Michel, se référant aux articles de Lysis, accusa les banques d'investir à l'étranger, de renforcer la concurrence extérieure, d'armer les ennemis de la France et d'organiser l'évasion fiscale des capitaux[83]. Au cours du débat de 1907, Jaurès avait déjà repris les arguments de Lysis pour mettre en question l'extraordinaire monopole détenu par quelques banques qui contrôlaient l'épargne française, ainsi que les commissions qu'elles touchaient sur les emprunts étrangers et la façon dont elles exploitaient ce pouvoir pour anéantir les chances d'une réforme fiscale ou sociale. Si ce pouvoir était utilisé pour subvertir le processus politique de la réforme, avertissait-il, alors les socialistes chercheraient à réguler aussi bien le marché des actions (*le parquet et la coulisse*) que les banques de dépôts[84]. À cela, le député centriste Aynard répondit :

> Comment ! C'est au moment où M. le ministre des Finances dépose son projet d'impôt, que vous l'interpellez sur les causes d'émigration de nos capitaux ! Si M. le ministre des Finances ne faisait pas partie du gouvernement, s'il était le philosophe libéré de toute entrave, il vous dirait peut-être, de lui à vous : mais, c'est le projet d'impôt sur le revenu qui est une des causes de la baisse de nos valeurs françaises et des placements à l'étranger. [...] Croyez-vous qu'on ne voit pas les dangers de l'instrument forgé par M. Caillaux et qui même entre ses mains, nous inspireront [*sic*] une confiance modérée (*rires*)... mais manié par d'autres mains, cet outil fiscal peut permettre de réaliser en pratique les rêves socialistes[85] !

Le torpillage possible de la réforme par des banques contrôlant l'épargne et capables de jouer sur les investissements étrangers fut un thème de débat récurrent dans les années 1900, tout

83. *Journal officiel*, 30 novembre 1909, p. 3015.
84. *Journal officiel*, séance du 8 février 1907, p. 338.
85. *Ibid.*, p. 344.

comme les attaques contre les emprunts accordés à des États particulièrement oppressifs. Il arrivait que les socialistes se joignent à la majorité pour pousser le gouvernement à n'autoriser de nouveaux emprunts étrangers qu'à condition de les assortir de contrats pour l'industrie française[86]. Mais, loin de la vision antimondialiste de la plus grande partie de la gauche actuelle, la gauche d'alors approuvait généralement l'ouverture des frontières aux capitaux, aux marchandises et au travail parce qu'elle voyait dans ces mouvements un puissant ressort de solidarité internationale.

Si les anticipations politiques dérivées de la théorie du commerce international ne parviennent pas à rendre compte de cette situation, c'est parce que la période 1870-1914 exige que l'on pense autrement les évolutions politiques induites par la mondialisation. Les forces de la globalisation rencontrèrent un ensemble d'alliances et d'acteurs politiques déjà constitués. Aucun des mouvements en présence ne s'était formé en réponse à la mondialisation. Ces groupes s'étaient agrégés au cours des grandes batailles politiques de la construction démocratique : la République, les relations entre l'Église et l'État, et le socialisme. Les partis, syndicats, corporations, mouvements patronaux et associations avaient arrêté leurs orientations politiques lors des luttes antérieures où l'économie internationale ne représentait pas un enjeu prioritaire. Leur idéologie, leur électorat, leurs alliances, leurs connexions avec le pouvoir tenaient à des clivages politiques déjà anciens. Ces acteurs avaient donc tendance à percevoir et à interpréter les perturbations et les opportunités de la nouvelle économie internationale en fonction des luttes politiques dans lesquelles ils étaient déjà engagés. Ainsi, au cours des débats parlementaires de 1906 et 1907 sur les

---

86. Sur le lien conditionnant l'octroi d'emprunts à la signature de contrats commerciaux, qui fut l'une des questions clés des accords avec l'étranger, le Comité des forges et les banques eurent des vues divergentes. Sur cette controverse, voir Michael J. Rust, *Business and Politics in the Third Republic. The Comité des Forges and the French Steel Industry, 1896-1914*, thèse, Princeton, Princeton University, 1973.

nouveaux emprunts russes, une partie de la gauche se saisit du problème à partir d'une grille de lecture républicaine – despotisme, arbitraire, musellement de la Douma – et non en s'inquiétant de son impact sur l'emploi ou l'investissement en France. Il y eut même quelques voix, dans le mouvement ouvrier, pour se réjouir des événements de Russie, qui pouvaient favoriser la contagion d'une « fièvre de grève » des usines russes sous capitaux français aux usines françaises[87]. Mais dans l'ensemble, il fut surtout question de réaffirmer les valeurs républicaines mises en cause par le soutien à un régime répressif *via* l'épargne française. Sur ce point, Clemenceau et Jaurès pouvaient trouver un terrain d'entente.

L'internationalisme du mouvement ouvrier et de la gauche, tel qu'on l'a vu se manifester dans leurs réponses à la mondialisation, s'appuyait sur deux piliers idéologiques qui garantissaient l'unité de ces groupes, même quand les intérêts particuliers représentés par la gauche se trouvèrent soumis aux pressions de la compétition internationale. Il y avait d'abord l'héritage du républicanisme : une histoire au cours de laquelle les républicains s'étaient retrouvés dans un camp libre-échangiste, par opposition au protectionnisme défendu par les réactionnaires. Les batailles livrées au tournant du siècle entre la droite nationaliste et le camp républicain avaient contribué à renforcer cette identification entre républicanisme et internationalisme, ce qui avait conduit la gauche à interpréter les conflits d'intérêts nés de l'internationalisation économique dans un cadre plus large. En second lieu, l'internationalisme s'appuyait sur le marxisme convaincu des socialistes français. Ils comprenaient le socialisme de Marx comme une extension de la fraternité des travailleurs par-delà les frontières. Cette fraternité englobait les travailleurs italiens, dont l'arrivée sur le marché du travail français pouvait faire baisser les salaires, et même les travailleurs russes dont les emplois dans des usines possédées par les

87. *La Voix du peuple* (CGT), numéros du 29 janvier-5 février 1905 et du 19-26 février 1905.

Français avaient remplacé les postes que les entreprises françaises auraient pu créer sur le sol national.

Si la mondialisation bouscula les agendas et infléchit les positions des acteurs collectifs de gauche, ce fut en ébranlant le rapport de force entre ces groupes, et non en les remplaçant par de nouveaux acteurs, alors même que l'évolution des prix relatifs dans l'économie internationale offrait un terrain propice à de nouvelles formations. À l'intérieur des organisations politiques, tensions et conflits internes s'inscrivent dans un processus de renégociation permanente. Quand l'environnement extérieur évolue, cela crée des opportunités aussitôt exploitées par les groupes contestataires qui cherchent à renforcer leurs positions. Dans les débats politiques de la première mondialisation, cela se traduisit par la réinterprétation et l'extension du vieil universalisme républicain, redéfini dans le sens d'une solidarité par-delà les frontières.

CHAPITRE 3

Penser global, agir national

Quelles leçons pouvons-nous tirer de la première mondialisation pour penser la seconde ? L'histoire nous montre d'abord que le phénomène n'est pas irréversible. Le 11 septembre 2001 nous a rappelé brutalement que nous n'avions aucune garantie quant à sa stabilité et à son avenir. Quand les camions qui livraient des pièces détachées destinées à des chaînes de production juste-à-temps sont restés bloqués plusieurs jours aux frontières canadienne et mexicaine après le 11 septembre, les industriels ont compris qu'ils ne vivaient pas dans un « monde sans frontières ». Les analystes financiers nous ont alors annoncé l'augmentation des frais liés à la sécurité, aux assurances et aux procédures d'inspection du fret international, et ils ont commencé à spéculer sur le « point de bascule », voire sur la « fin » de la mondialisation[88].

La grande révolution des transports et des technologies de la communication qui fit tomber les coûts des échanges internationaux au XIXe siècle n'empêcha pas les sociétés nationales, sitôt qu'éclata la Première Guerre mondiale, de reconstruire des murs qui allaient tenir soixante-dix ans. Aujourd'hui, l'accélération de

88. Par exemple, Walter Molano, "The Latin American Adviser", BCP Securities, 2001 et S. S. Roach, "A Tipping Point for Globalization?", Morgan Stanley, 2001.

la mondialisation tient autant aux politiques publiques de libéralisation et de dérégulation qu'aux avancées technologiques. Les premières semblent même plus fragiles et plus réversibles que les secondes. Aux États-Unis au moins, le 11 septembre a créé une forte demande de sécurité: les groupes d'intérêts qui cherchent à garantir la fluidité et la facilité des échanges internationaux pourraient désormais se voir déborder par l'inquiétude publique. Quand les relations internationales sont froides, quand les États qui jouent un rôle clé dans le système international ne sont pas confrontés à de gros problèmes de sécurité, la mondialisation progresse rapidement et sans aucune entrave; mais quand ces relations sont chaudes comme c'est le cas actuellement, elles sont alors en mesure d'interrompre sa course. Quelles que soient les différences entre les caractéristiques économiques de la première mondialisation et la situation contemporaine, nous sommes aussi susceptibles que nos prédécesseurs d'accepter une limitation significative du mouvement international des biens, des capitaux et du travail si nous nous sentons menacés par des dangers qui traversent nos frontières d'autant plus facilement que celles-ci sont ouvertes.

L'internationalisme introuvable

La fragilité et la réversibilité de la mondialisation ne sont pas les seules leçons du passé. Peut-être ne seraient-elles d'ailleurs pas d'un grand secours à qui voudrait imaginer une nouvelle vision politique de la mondialisation. Trois autres points se détachent, qui soulignent l'hiatus entre notre perception du phénomène et les enseignements de l'histoire sur les relations entre mondialisation et démocratie.

En premier lieu, si nous considérons l'éventail des positions politiques dans les débats d'hier et d'aujourd'hui sur l'ouverture des frontières, une absence saute aux yeux. Aux États-Unis comme en

Europe, aucun syndicat, aucun parti de gauche ne défend plus le principe d'un internationalisme au service des salariés et des citoyens ordinaires. Dans les débats politiques des pays riches, émergent deux positions internationalistes : les néolibéraux, favorables au libre-échange, et ceux qui, à gauche, se rangent sous la bannière de l'antimondialisme ou de l'altermondialisme. Pour ces derniers, l'internationalisme se focalise sur les plus pauvres d'entre les pauvres, c'est-à-dire sur des pays situés aux marges de l'économie mondiale.

Les avocats du libre-échange défendent un ensemble de vues qui rappellent les débats sur le commerce des grains dans l'Angleterre du XIXe siècle. Si un lecteur de *The Economist* jetait aujourd'hui un coup d'œil sur les éditoriaux publiés par son journal vers 1850, les discussions, les démonstrations et les conclusions lui sembleraient très familières. D'autres partisans du libre-échange ont mis de l'eau dans leur vin, en reconnaissant que l'ouverture des frontières doit s'accompagner de mesures de réciprocité et de règles de bonne conduite pour se rendre socialement acceptable. Certains libéraux comme Jagdish Bhagwati distinguent ainsi la libéralisation du commerce et celle des flux de capitaux, en remarquant que la seconde peut provoquer des phénomènes comme les bulles spéculatives qui dépassent les capacités de contrôle institutionnel des pays en voie de développement. Mais sur le fond, aussi bien au centre qu'à droite, l'internationalisme libre-échangiste n'a pas changé de vision du monde, et son programme antiprotectionniste maintient les mêmes priorités.

Si un changement s'est produit, c'est surtout dans les rangs de la gauche. Les partis de gauche actuels, comme les acteurs du mouvement social, les associations et les syndicats marqués à gauche, font des choix internationaux fondamentalement différents de ceux de leurs prédécesseurs[89]. L'anticapitalisme militant de la

89. Une exception notable, cependant : les pays où s'étaient établis de nombreux travailleurs venus d'Europe. Aux États-Unis, au Canada, en Australie, on vit apparaître un protectionnisme ouvrier dès la première mondialisation.

gauche européenne est beaucoup moins vif aujourd'hui qu'il y a cent ans. On admet beaucoup mieux aujourd'hui les valeurs productivistes des économies capitalistes, la possibilité de redistribuer des richesses par le marché et le rôle de la croissance économique ou des innovations technologiques dans le progrès social. La gauche n'analyse plus la société contemporaine en termes de classes – ou plus précisément, quand elle cherche à identifier des classes, leurs frontières s'avèrent brouillées et leur définition très vague. Le principe réformiste l'a finalement emporté sur les options révolutionnaires, lesquelles se sont pratiquement évanouies.

Les organisations de gauche n'ont pourtant pas abandonné la bataille. Elles l'ont seulement déplacé vers un autre front : la lutte contre la mondialisation, un combat pour la défense et la préservation des structures économiques et sociales menacées par les marchés internationaux. Selon cette gauche, les relations entre les sociétés nationales et l'économie mondiale devraient être définies de façon à préserver les fruits d'un siècle et demi de lutte pour les salaires, les conditions de travail, les institutions sociales et le contrôle macro-économique. La mondialisation est appréhendée comme une transformation de ces relations, qui menace non seulement la poursuite du progrès mais aussi les acquis sociaux. La plupart des partis et organisations de gauche, dans les pays industrialisés, affirment que si l'on veut sauver le contrat social et démocratique négocié au cours du dernier siècle, il faut arrêter ou au moins limiter la mondialisation.

Ces questions contribuent à la recomposition de la gauche française. Elles sont au centre des querelles entre souverainistes et fédéralistes, de la charge menée par Pierre Bourdieu contre le néolibéralisme et les médias, et des attaques antimondialistes qui inondent les pages du *Monde diplomatique*[90]. Les batailles intellectuelles

90. Voir le numéro spécial des *Temps modernes*, 55 (septembre-novembre 2000) et en particulier Paul Alliès, « Souverainistes *versus* fédéralistes : la controverse française », p. 120-155.

des années 1990 ont fait cause commune avec une vague de contestation sociale. Un journaliste du *Monde* a décrit les grandes grèves de décembre 1995 comme la première mobilisation de masse contre la mondialisation dans un pays développé[91]. Elles ont été suivies d'une série de manifestations sur des problèmes qui étaient envisagés à travers le filtre de la mondialisation. Il y eut d'abord le rejet français du traité de l'Accord multilatéral sur l'investissement (AMI) négocié dans le cadre de l'OCDE, puis la bataille de l'« exception culturelle », l'affaire des OGM, l'attaque d'un restaurant McDonald's dans le sud de la France par un groupe d'agriculteurs exaspérés par les sanctions américaines contre les produits agricoles français, et la transfiguration de son leader, José Bové, en héros des médias – un nouvel Astérix, défendant la France contre la mondialisation et les Américains[92]. Une nouvelle organisation se créa, l'Association pour la taxation des transactions financières pour l'aide aux citoyens (ATTAC), qui afficha rapidement 30 000 adhérents avec des sections dans tout le pays, montrant une remarquable capacité à fédérer les troupes désœuvrées des organisations et des causes plus anciennes[93].

Aux États-Unis, le refus politique de la mondialisation a servi de base à une alliance entre les militants du mouvement social et les syndicats – deux composantes de la gauche qui s'étaient rarement retrouvées côte à côte. Les manifestations de Seattle, en 1999, ont vu émerger une coalition dite « des tortues et des routiers », réunissant des écologistes (défenseurs des tortues contre les pratiques de la pêche industrielle) et des organisations syndicales plus classiques comme les Teamsters et l'AFL-CIO. Aussi fragile que puisse paraître le consensus sur les tortues et les dauphins, les slo-

---

91. Erik Izraelewicz, « La première révolte contre la mondialisation », *Le Monde*, 7 décembre 1995.

92. P. H. Gordon et S. Meunier, *le Nouveau Défi français*, Paris, Odile Jacob, 2002.

93. Voir Marcos Ancelovici, "Organizing against Globalization: The Case of ATTAC in France", *Politics and Society*, 30, 3, 2002, p. 427-463.

gans sur les effets pervers de la mondialisation sur les salaires étaient simples et sans détour. L'alliance antimondialiste américaine n'eut pas, loin s'en faut, la position centrale qu'avait conquise son homologue française dans les programmes et les organisations de la gauche ; mais l'influence de ce sujet se fit sentir dans nombre de domaines politiques.

Comment expliquer la différence entre les positions de la gauche d'aujourd'hui et celle d'hier ? Aveuglée par l'idéologie, la gauche de la première mondialisation fut-elle incapable de comprendre les intérêts de ses différentes composantes ? Ou celles-ci furent-elles d'une abnégation angélique ? L'explication réside plutôt dans la façon dont les syndicats et partis de gauche interprétaient ces intérêts. Ils identifiaient leurs intérêts avec la défense d'une alliance des forces républicaines contre les ennemis de la République. Ils acceptaient l'idée de soumettre aux contraintes de l'internationalisation leurs objectifs politiques de redistribution des revenus, du pouvoir et des risques sociaux. En fait, ils cherchaient même à exploiter les pressions économiques internationales pour imposer des compromis susceptibles de rompre le statu quo. Considérons par exemple la réponse des syndicats français à la concurrence sur le marché du travail liée à l'arrivée en France de nombreux immigrés belges ou italiens venus travailler dans le bâtiment ou le verre. On aurait pu imaginer qu'ils militeraient pour l'instauration de quotas, comme le firent à la même époque les syndicalistes américains et australiens. Cette proposition aurait sans doute reçu le soutien des ouvriers de base dont la colère contre la concurrence étrangère donna quelquefois lieu à des explosions de violence contre les immigrés. Les syndicats européens résistèrent pourtant aux pressions pour le contrôle de l'immigration, même quand elles venaient de leurs propres membres ; ils proposèrent au contraire des mesures destinées à la fois à protéger les salaires locaux, à augmenter le revenu des étrangers et à empêcher les employeurs de les sous-payer. Ils ne répondirent pas aux griefs de leurs adhérents en excluant les étrangers, mais en les intégrant au système et en tirant tout le monde vers le haut.

Pour des raisons économiques, les partis et organisations de gauche considéraient que le protectionnisme lésait les intérêts de leurs adhérents et électeurs. Porteurs d'une conception du bien-être des travailleurs qui faisait la part belle à la consommation et au pouvoir d'achat, ils dénonçaient la « politique du pain cher ». Les salariés d'aujourd'hui sont eux aussi des consommateurs, même si le panier de la ménagère occupe une moindre part dans le budget familial. Les travailleurs achètent des vêtements, des chaussures, des voitures, des ordinateurs, des meubles et toujours de la nourriture – toutes choses qui seraient bien moins chères sans les quotas et les droits de douane à l'importation, et beaucoup plus onéreuses en revanche si l'on satisfaisait les revendications de protection des emplois locaux de syndicats comme l'AFL-CIO américaine. Mais les syndicats et les partis de gauche définissent aujourd'hui les intérêts de leurs adhérents et électeurs comme s'ils n'étaient que des producteurs aux revenus menacés par la concurrence, des travailleurs aux emplois mis en danger par les échanges internationaux et les investissements directs à l'étranger.

Pourquoi et comment la gauche et les syndicats ont-ils changé leur manière d'énoncer les intérêts de leur public, au regard de l'économie internationale ? Leur perception du capitalisme et des classes sociales est à la fois floue et souple quand il s'agit des enjeux domestiques, et intransigeante dès que l'on évoque l'ouverture des frontières comme si les salariés n'étaient que des producteurs dont les gains dépendraient des seules institutions nationales. Avant 1914, la gauche européenne, et notamment sa composante marxiste, ne séparait pas les intérêts des travailleurs locaux de ceux des travailleurs étrangers. L'internationalisme impliquait alors une compréhension des solidarités qui les unissaient par-delà les frontières, ce qui se traduisait par un engagement politique en faveur des « prolétaires de tous les pays ». Le communisme n'est pas étranger à la disparition de cet internationalisme-là : l'absorption du marxisme dans le mouvement communiste après 1917 a préludé à une identification fatale de l'internationalisme avec le sort de l'Union soviétique.

Lorsque la gauche européenne regarde au-delà des frontières du monde riche et qu'elle s'inquiète de ce que peut signifier la justice sociale dans ses relations avec les autres régions du monde, son attention se porte d'abord sur ceux dont la situation est la plus éloignée de celle des sociétés industrielles avancées : la Somalie, le Mali, l'Afghanistan, Haïti, le Burkina Faso. L'annulation de la dette de ces pays parmi les plus pauvres est la demande numéro un des associations antimondialistes. Il y a loin du rêve d'une justice sociale universelle à cette focalisation sur les plus pauvres d'entre les pauvres. Et c'est une longue histoire que celle du passage de l'un à l'autre. Une des clés de cette évolution réside dans l'incorporation massive dans les associations de gauche de nouvelles recrues venues du monde catholique, dont les modèles d'action politique étaient fortement influencés par les représentations sur l'incarnation et le Royaume de Dieu[94]. Là où la gauche marxiste traditionnelle parlait du prolétariat, les tiers-mondistes de la mouvance catholique insistent sur les plus défavorisés, qu'ils soient de France ou d'ailleurs : le quart-monde, les populations des bidonvilles, les sans-papiers, les miséreux du monde entier. Les luttes politiques menées autour de la décolonisation et de la guerre d'Algérie ont puissamment contribué à renforcer ces nouveaux courants idéologiques. Les idéaux, les priorités et les conceptions de la justice sociale nés de la rencontre entre ces nouveaux militants et ceux de l'ancienne gauche ont contribué à modifier la figure des principaux bénéficiaires de la justice sociale dans le champ international.

C'est ainsi que l'internationalisme contemporain s'intéresse principalement à des populations et à des sociétés qui ne sauraient être objectivement considérées comme une menace économique

94. S. Berger, « Déclin religieux et recomposition politique. Une interprétation de l'exemple français », *Archives de sciences sociales en religion*, vol. 66, n° 1, 1988.

pour les intérêts des électeurs de gauche. La gauche ne demande ni ne s'impose aucun sacrifice majeur quand elle fait pression pour annuler la dette des pays pauvres, quand elle propose de protéger la propriété des plantes indigènes, de fabriquer des médicaments génériques, quand elle milite pour instituer une « souveraineté agricole » ou pour accorder aux pays les plus pauvres d'autres exemptions aux règles de l'OMC. La seule exception vraiment utile au principe implicite « pas de sacrifice de notre part » serait d'éliminer les subventions à l'agriculture que l'Europe et les États-Unis fournissent à leurs paysans et qui nuisent sérieusement aux intérêts des paysans des pays les plus pauvres.

Mais la vraie menace pour l'emploi et la distribution des revenus dans nos sociétés prospères, ce ne sont pas les demandes de pays dont la production ne concurrence en rien celle de la France et qui ne risquent guère d'attirer les investissements étrangers ; c'est la montée en puissance des travailleurs chinois, indiens, russes, mexicains ou turcs qui bénéficient d'un bon niveau d'études, sont aux portes des marchés mondiaux et jouissent d'un environnement local favorable aux investissements étrangers. Pour améliorer les conditions de vie de populations comme celle du Burkina Faso, on ne pourrait qu'injecter quelques aides internationales et annuler la dette, ce qui selon toute vraisemblance n'affecterait que très peu les impôts des citoyens des pays développés.

Évidemment, si l'on voulait vraiment augmenter les salaires et les revenus dans ces pays trop pauvres et trop peu développés pour intégrer les marchés mondiaux, on pourrait autoriser leurs citoyens à émigrer vers les pays riches. Une telle révolution aurait un coût très élevé pour les salariés ordinaires des pays industrialisés. Mais il est si peu susceptible d'être accepté que l'on ne saurait reprocher aux tiers-mondistes ou à la gauche antimondialiste de ne pas l'envisager. En l'occurrence, les objectifs des militants antimondialistes pour la justice sociale dans le monde s'articulent à des politiques si peu coûteuses en termes de redistribution qu'elles ne demanderaient guère de sacrifices de la part des pays riches.

Le problème serait très différent si la gauche s'intéressait, comme ce fut le cas lors de la première mondialisation, à des sociétés plus proches de la nôtre – et donc plus menaçantes – par leur capacité à produire des biens et services compétitifs et par leur attractivité pour les investisseurs étrangers. Quelles politiques un internationaliste pourrait-il promouvoir, si son souci était d'améliorer les conditions de vie dans des pays comme la Chine, le Mexique ou la Turquie ? Une solution serait d'encourager les travailleurs locaux à s'organiser pour réclamer des augmentations de salaires et de meilleures conditions de travail. Jusqu'à un certain point, c'est ce qu'a fait la gauche, quand elle a organisé le boycott de produits fabriqués dans des conditions déplorables à l'étranger par des entreprises occidentales ou leurs sous-traitants. Aux États-Unis, on a ainsi assisté au boycott de marques comme Nike, Gap ou Kathy Lee Gifford, quand il est apparu que leurs sous-traitants faisaient travailler les ouvriers dans des conditions inacceptables : des contremaîtres coupables de violences sexuelles à l'exploitation du travail des enfants en passant par des horaires excessifs et des salaires précaires. Les entreprises donneuses d'ordre furent ainsi obligées de surveiller de plus près, et par là d'améliorer les conditions de travail dans les usines de leurs sous-traitants étrangers. Les syndicats européens et américains ont fait pression pour que des « clauses sociales » ou des références aux normes de l'Organisation international du travail soient intégrées dans les accords de commerce internationaux Les syndicats américains ont ainsi réussi à introduire de telles clauses aussi bien dans le traité de l'ALENA que dans le renouvellement de la délégation de pouvoir au président des États-Unis (*fast-track*) dans la ratification des accords commerciaux internationaux.

On peut évidemment souhaiter que les consommateurs occidentaux continuent à faire pression sur les entreprises pour améliorer les conditions de travail dans les zones de bas salaires où est fabriquée une part de plus en plus grande des produits manufacturés. Mais il est peu probable que ces pressions extérieures suffisent à faire évoluer les choses. Deux autres changements, au moins, seraient nécessaires. Il faudrait d'abord que les travailleurs soient en mesure de s'organiser et d'exprimer eux-mêmes leurs demandes, dans ces pays qui sont à présent capables de produire une vaste gamme de biens et de services – des chaussures aux semi-conducteurs, en passant par les centres d'appel et le secrétariat médical à distance. Encouragées par les syndicats et les associations des pays riches qui tentent d'imposer des normes de travail et appellent au boycott des marques les plus connues, les pressions extérieures doivent être relayées au niveau local, dans les pays en voie de développement, par une action collective pour l'augmentation des salaires et l'amélioration des conditions de travail. À l'entrée d'une des usines chinoises d'un sous-traitant de chaussures de sport, une charte rédigée en anglais et en chinois énonce les droits que la marque s'engage à respecter, parmi lesquels figure l'existence d'une convention collective. Mais tant que les travailleurs n'auront pas vraiment la possibilité de constituer des organisations indépendantes, de tels engagements en resteront au stade de vœux pieux. Une enquête même superficielle sur le sujet, en Chine, au Mexique, au Maroc ou au Pakistan, ferait vite apparaître qu'il y a loin de la coupe aux lèvres. Même les internationalistes occidentaux les plus déterminés ne peuvent être d'un grand secours, ici. Seule une action collective à l'intérieur des pays en voie de développement peut faire évoluer la situation.

Pour améliorer le niveau de vie de ces pays, une autre condition – autrement exigeante pour nous – doit être remplie : que les pays riches renoncent aux tarifs, quotas et subventions qui font obstacle à l'entrée des biens et services venus du reste du monde. C'est précisément l'ambition du néolibéralisme, dont le programme inclut la promotion des accords commerciaux internationaux à travers des négociations à l'OMC ou dans des organisations régionales. Mais la gauche n'a pas de programme pour l'ouverture économique. Ni ses représentants traditionnels, ni les associations antimondialisation ne reconnaissent le fait que les seuls pays à avoir sensiblement élevé le niveau de vie de leur population, depuis la guerre, sont ceux qui comme la Corée du Sud, la Chine, Taiwan et Singapour ont parié sur les exportations et fondé leur croissance et leur développement sur l'ouverture des frontières de l'Europe et des États-Unis. Si l'on veut élargir demain le cercle des pays dont la productivité et la croissance permettent d'élever le niveau de vie de leurs citoyens, ne faudra-t-il pas que les pays développés acceptent d'ouvrir leurs frontières à une nouvelle vague de biens et services ? Là est la question centrale. Que dit la gauche devant une telle perspective ?

Considérons par exemple les programmes du PS français et les discours de ses dirigeants au sujet de la mondialisation. C'est à contrecœur qu'ils en acceptent la nécessité, mais en ajoutant immédiatement qu'ils sont farouchement déterminés – au moins sur le plan rhétorique – à la réguler afin d'en réduire les effets sur les institutions nationales. Il ne faut pas, répètent-ils, que le néolibéralisme de l'économie internationale aboutisse à l'émergence d'une « société de marché » en France. On cherche en vain derrière ces déclarations l'esquisse de réformes susceptibles de distribuer plus équitablement, au plan national, les chocs et les coûts de l'ouverture internationale. Nulle vision, non plus, des possibilités politiques laissées par cette ouverture pour inventer de nouveaux mécanismes redistributifs ou pour refondre les mécanismes de représentation et de responsabilité démocratiques.

L'internationalisme et la réforme en démocratie

L'explication la plus simple de cette attitude défensive et purement réactive face à la mondialisation a été évoquée au début de cet essai : la croyance que la démocratie et la réforme ne peuvent se réaliser qu'à l'abri des frontières nationales. Nombreux sont ceux qui croient qu'il est difficile de faire coexister la démocratie et un ordre international ouvert et de plus en plus intégré, et que des choix cornéliens s'imposent. Ou bien, pour préserver la démocratie, il faudrait se retirer au moins partiellement de l'intégration économique internationale et rétablir des mesures protectionnistes. Ou bien, pour poursuivre le chemin de la mondialisation, nous serions forcés d'abandonner l'espace du contrôle démocratique qui est celui des frontières nationales. Les options entre ces trois pôles – démocratie, États nationaux et mondialisation – représentent selon la formule de Dani Rodrik une sorte de « trilemme politique[95] ». Lui-même ne distingue d'ailleurs qu'une alternative vraiment souhaitable aux deux possibilités que j'ai mentionnées : un gouvernement mondial, seule forme de gouvernance qui pourrait conjuguer intégration économique internationale et démocratie.

Cette conclusion est trop sombre, trop pessimiste sur les marges de manœuvre offertes aux politiques nationales. Même à l'horizon d'une centaine d'années, qui est celui de Rodrik, on voit mal comment un tel gouvernement mondial pourrait voir le jour. Il serait certainement souhaitable de travailler à établir des institutions et des normes internationales plus démocratiques, mais cette recherche ne saurait passer que par les États que nous avons aujourd'hui. De même, c'est dans un cadre national qu'il faut commencer à répondre aux défis en renouvelant nos pratiques et en réformant nos institutions.

Est-ce possible ? Ces dix dernières années ont vu proliférer les recherches concernant les effets de la mondialisation sur les capacités des États et les contraintes de l'intégration économique internationale[96]. Les résultats convergent : il y a beaucoup plus de

95. Dani Rodrik, "How Far will International Economic Integration Go?", *Journal of Economic Perspectives*, 14 (1), p. 177-186.

96. J'ai rendu compte de ces travaux dans "Globalization and Politics", *Annual Review of Political Science*, III, 2000. Voir aussi Duane Swank, *Global Capital, Political Institutions, and Policy Change in Developed Welfare States*, New York, Cambridge University Press, 2002.

place qu'on ne le pense généralement pour la mise en œuvre de politiques nationales différentes et autonomes. De fait, si nous considérons les principaux domaines d'intervention de l'État – politiques macroéconomique, fiscale, industrielle, protection sociale –, durant la première mondialisation, les effets de l'ouverture internationale ne semblent pas avoir été décisifs. L'action des États était très limitée dans deux de ces domaines – les politiques macroéconomique et industrielle – avant la Première Guerre mondiale, mais il est difficile d'évaluer la part exacte qui revient à la mondialisation. L'étalon or limitait de fait les interventions étatiques dans le domaine de la politique monétaire, et il y aurait là des pièces à verser au procès de la mondialisation pour qui voudrait l'accuser de réduire le pouvoir des États. Mais, même là, on peut observer des différences majeures entre les ajustements économiques adoptés par les différents États, comme l'a montré Beth Simmons dans son analyse des politiques économiques menées au temps de l'étalon or, dans la période de l'entre-deux-guerres[97].

Par ailleurs, les contraintes imposées par l'étalon or aux politiques macroéconomiques sont indissociables d'autres facteurs d'ordre intellectuel, technique et matériel, qui ont pu eux aussi empêcher les États de jouer un rôle plus important dans le domaine macroéconomique. Avant Keynes et les analyses *input-output*, il manquait aux économistes le modèle théorique et les catégories intellectuelles qui permettraient plus tard aux politiques de concevoir l'économie comme un tout, et de créer les instruments d'une intervention. Il leur manquait également l'appareil statistique indispensable à ce type d'interventionnisme. Mis à part quelques tentatives rares et plutôt mal ficelées comme le plan Freycinet (1878-1882), qui visait à stimuler une économie en récession en accordant des subventions à l'industrie, l'État ne tenta en rien d'intervenir sur l'économie considérée comme un système cohérent.

97. Beth Simmons, *Who Adjusts? Domestic Sources of Foreign Economic Policy during the Interwar Years*, Princeton, Princeton University Press, 1994.

De la même façon, nous savons que dans le domaine de la politique industrielle, l'action de l'État était minimale. Jusqu'aux années qui suivirent la Seconde Guerre mondiale, il n'y consacra qu'une petite fraction de son budget[98]. Aussi n'y a-t-il aucune raison d'accuser la mondialisation d'avoir lié les mains de l'État dans le domaine industriel. Beaucoup d'autres facteurs entrèrent en jeu, au premier rang desquels des convictions libérales et antidirigistes et l'idéologie du laisser-faire.

S'il est difficile de discerner l'impact de la première mondialisation sur les politiques macroéconomique et industrielle de l'État, c'est qu'il ne cherchait pas à étendre ses compétences dans ces domaines. Il en va tout autrement de la politique fiscale et de la protection sociale : là, le rôle des États européens était en pleine extension. L'introduction de la progressivité de l'impôt sur les héritages, la taxation des valeurs mobilières, la création d'un impôt sur le revenu furent les grandes innovations politiques des pays développés pendant la première mondialisation[99]. Or, c'est précisément ici qu'on aurait pu attendre une réduction de l'emprise de l'État sur l'économie et la société du fait des contraintes de la mondialisation. Et ceux qui critiquaient ces nouveaux impôts prophétisaient, comme certains économistes actuels, que dans un monde où les mouvements de capitaux n'étaient pas contrôlés, de telles mesures les feraient s'envoler, à moins de ne taxer que le travail. Malgré ces arguments, et en l'absence de contrôles sur les mouvements de capitaux, la législation fiscale connut des avancées spectaculaires en Europe et aux États-Unis pendant la première mondialisation. En France, c'est en 1872 que fut voté le premier impôt sur le revenu des valeurs mobilières. En 1901, on introduisit la

98. Robert Delorme et Christine André, *l'État et l'économie. Un essai d'explication de l'évolution des dépenses publiques en France*, Paris, Seuil, 1983 ; des mêmes, *Étude comparative de l'évolution des dépenses publiques en longue période dans 6 pays industrialisés occidentaux*, Paris, CEPREMAP, 1979, p. 111.

99. Thomas Piketty, *les Hauts Revenus en France au XXe siècle. Inégalités et redistributions 1901-1998*, Paris, Grasset, 2001.

progressivité dans la taxation des héritages : « L'entrée de la France dans l'ère de la redistribution fiscale moderne », selon la formule de Thomas Piketty[100]. La Chambre des députés vota un impôt sur le revenu en 1909 : le Sénat bloqua la loi qui finit par passer devant les deux chambres en 1914, deux semaines avant la déclaration de guerre. La mondialisation n'empêcha donc pas l'adoption de lois fiscales aux effets redistributifs importants.

Quant à l'État-providence, c'est dans les décennies qui précédèrent la guerre que furent jetées ses premières fondations, celles qui permettraient le développement et l'expansion des systèmes modernes. Les principes nouveaux qui inspirèrent la loi française de 1898 sur les accidents du travail et les sociétés d'assurances furent débattus dès les années 1880, et ils eurent une grande influence dans d'autres pays. Quand Bismarck fit voter une loi sur les accidents industriels dans l'Allemagne de 1884, certains opposants la critiquèrent parce qu'elle s'inspirait de propositions « étrangères » – c'est-à-dire françaises[101]. La législation sociale française épaissit au cours de la première mondialisation : loi de 1900 sur la journée de dix heures – saluée à l'époque par Jean Jaurès comme l'une des plus grandes réformes des cinquante dernières années –, loi sur la semaine de six jours, loi sur les retraites en 1910. Tous les débats parlementaires sur ces projets virent revenir la question de la compétitivité de l'industrie française. Dans certains cas, les défenseurs des réformes pouvaient s'appuyer sur le fait que les concurrents de la France avaient déjà adopté de telles mesures législatives. Dans d'autres cas, la France ouvrait la voie et les parle-

100. T. Piketty, *les Hauts Revenus en France au XXe siècle...*, *op. cit.* Voir en particulier ses réflexions sur les changements produits par les nouveaux impôts dans la distribution des richesses.

101. Ces réflexions s'appuient sur la thèse de Frida Fuchs, *Institutions, Values, and Leadership in the Creation of Welfare States: A Comparison of Protective Labor Legislation in Britain and France, 1833-1914*, thèse, Harvard University, 2001. Voir aussi Judith F. Stone, *The Search for Social Peace: Reform Legislation in France, 1890-1914*, Albany, Suny, 1985.

mentaires devaient affronter l'opposition des milieux d'affaires, l'idéologie du laisser-faire et une inquiétude plus générale quant à la compétition internationale.

Pourtant, la plupart des lois furent adoptées. À l'aube de la guerre, la France était loin d'être un régime social-démocrate fondé sur le modèle de l'État-providence, mais elle avait fait beaucoup de chemin. Par rapport aux années 1870 où le monde du travail n'était pratiquement pas régulé par l'État (au contraire de la Grande-Bretagne et de son *Factory Act* voté en 1833), la France de 1914 avait mis en place l'épine dorsale de l'État-providence. Il faut insister sur le fait que tout cela s'est passé au cours de la première mondialisation : l'espace laissé à l'action de l'État, en matière de réformes sociales, et à la politique de redistribution, était bien plus vaste que ce que l'on aurait pu attendre.

Les opposants aux réformes sociales et démocratiques soutenaient fréquemment qu'elles mettraient en danger la stabilité de la monnaie nationale et la compétitivité de l'industrie. Pourtant, pays après pays, ces objections furent repoussées. Les hommes politiques et les partis qui soutenaient les réformes pouvaient s'appuyer sur l'exemple des pays voisins qui avaient introduit des innovations législatives sans hypothéquer leur compétitivité industrielle. En s'en tenant aux seuls discours politiques, on peut trouver de nombreuses preuves d'une émulation internationale et d'un apprentissage réciproque, qui semblent avoir créé un cercle vertueux dans le domaine de la protection sociale. Bien sûr, le fait que les pratiques étrangères aient servi d'exemple pour étayer la faisabilité des réformes n'autorise pas à penser que la mondialisation se traduit automatiquement par une amélioration des régimes sociaux. Mais la première mondialisation a tiré les sociétés vers le haut plutôt que vers le bas. Les pays européens les plus étroitement intégrés aux marchés internationaux furent capables de mener à bien des réformes sociales et économiques, et ils le firent, chacun à sa manière, en respectant et en renforçant leurs différences politiques.

La mondialisation, la guerre et la paix

Dans la décennie qui précéda 1914, un grand débat agita l'Europe, sur les relations entre l'internationalisation de l'économie et les risques de guerre. Dans les milieux politiques français, ces débats s'attachèrent surtout aux relations franco-allemandes. On se demandait notamment si l'État français devait normaliser ses échanges économiques avec l'Allemagne. Prendre une telle décision, c'était accepter l'idée d'une séparation entre le monde de la grande politique et celui des relations économiques, en soutenant que même si la France nouait les alliances diplomatiques qui pourraient lui permettre un jour de récupérer l'Alsace-Lorraine, les Français pouvaient aussi entretenir des relations économiques « normales » avec leurs voisins allemands. Telle fut la position de ceux qui s'opposaient au nationalisme agressif du ministre des Affaires étrangères Delcassé. C'était aussi la thèse de ceux qui, à l'instar de Testis, militaient pour une libéralisation complète des exportations de capitaux :

> Il est un peu difficile en France de parler de l'Allemagne en toute liberté d'esprit. Elle est comme un voisin hautement qualifié, avec lequel on aurait jadis perdu un gros procès... Cependant, nous ne sommes pas en guerre avec l'Allemagne. Trente-sept ans se sont écoulés depuis la douloureuse épreuve de 1870. Nous sommes dans la situation où se trouvaient nos pères trente-sept ans après Waterloo au regard des Anglais, des Russes, des Prussiens, des Autrichiens, des Saxons, des Suédois, qui avaient envahi et diminué le territoire. Est-ce qu'en 1852 il serait venu à la pensée d'un Français de faire grief à des banquiers de Paris et de province d'avoir des relations importantes et suivies avec des correspondants de ces diverses nationalités ? Aujourd'hui même, qui blâme un négociant de Reims ou d'Épernay de vendre ses vins de Champagne ; un fabricant de Calais, ses dentelles ; un couturier, ses robes ; un grand magasinier, des articles de Paris, à des marchands ou clients de Berlin, de Hambourg ou de Francfort ? Comment

> ces négociants ou industriels qui commercent avec l'Allemagne recevraient-ils la contre-valeur de leurs livraisons, si des banquiers français ne s'en chargeaient pas par l'intermédiaire des banques allemandes, et comment ces rapports pourraient-ils naître et durer entre les sociétés de crédit des deux nations, s'ils ne comportaient pas ces échanges de fonds sous toutes les formes... Car les banques vendent de l'argent, comme les hommes d'affaires qu'on vient de citer vendent des dentelles, des toilettes, ou des articles de Paris[102].

Ceux qui refusaient la normalisation soutenaient qu'une telle politique avait pour corollaire l'abandon définitif de tout espoir de récupérer les provinces perdues en 1870. En laissant les Allemands accéder librement au marché français des capitaux, expliquaient-ils, on renforcerait les capacités militaires de l'Allemagne, ce qui rendrait la guerre plus probable et plus menaçante pour la France. Comme le disait Lysis, qui avait lancé le débat sur les exportations de capitaux :

> Prêter des capitaux à la grande industrie allemande, dans les conditions où elle fonctionne, c'est commanditer l'impérialisme allemand[103].

Lorsqu'il revint, après la guerre, sur les débats qui avaient accompagné l'internationalisation des marchés de capitaux, Lysis écrivit que la grande erreur des Français avait été de considérer la nationalité comme un concept démodé, voué à se dissoudre dans une économie mondiale ouverte. Quiconque parlait alors de pouvoir national ou de défense nationale se voyait taxé de chauvinisme :

> Ah, ce pauvre Déroulède, était-il assez ridicule avec son Alsace-Lorraine, ses grands gestes enflammés et sa longue redingote apparemment aussi démodée que ses idées ! Quel pompier ! Mais tout de même il avait raison, le brave homme[104].

L'internationalisme, c'est très bien, écrit Lysis ; mais nous avons vraiment pris nos rêves pour des réalités :

---

102. Testis, *le Rôle des établissements de crédit en France...*, *op. cit.*, p. 88.
103. Lysis, *les Capitalistes contre la France*, Paris, Albin Michel [1916], p. 71.
104. *Id.*, *l'Erreur française*, Paris, Payot, 1918, p. 33.

> Depuis quarante ans, nous étions convaincus que les nations allaient disparaître, alors qu'elles se renforçaient dans tous les pays du monde[105].

Les controverses sur la mondialisation et ses effets sur la guerre et la paix allaient bien au-delà de la question des relations franco-allemandes. La question centrale était de savoir si le réseau des interdépendances économiques rendrait les États moins susceptibles de se faire la guerre. La contribution la plus connue à ce débat fut le livre *The Great Illusion*, publié en 1910 par le journaliste anglais Norman Angell. Il soutenait que dans le monde moderne, la guerre de conquête ne permettait pas de véritables gains. Dans un monde d'activités économiques étroitement intégrées, la guerre aurait un effet dévastateur, même pour le vainqueur. Angell décrit la mondialisation dans un vocabulaire qui rappelle à beaucoup d'égards le nôtre :

> L'interdépendance vitale [...] qui traverse les frontières fut surtout l'œuvre des quarante dernières années [...]. [C'est] le résultat d'un usage quotidien de ces inventions de notre civilisation, qui datent d'hier à peine : la poste rapide, la dissémination instantanée de l'information financière et commerciale par le moyen du télégraphe, et plus généralement l'incroyable accélération de la communication, qui a permis à la demi-douzaine de capitales de la chrétienté de se rapprocher sur le plan financier, les rendant plus dépendantes les unes des autres que ne l'étaient les grandes villes anglaises il n'y a même pas cent ans[106].

Angell tirait de cette interdépendance l'idée de l'irrationalité de la guerre, une guerre fort peu probable parce qu'elle coûterait trop cher aux réseaux des échanges économiques internationaux pour constituer une option crédible.

Le livre d'Angell fut traduit en vingt-cinq langues, on en vendit des millions et on en parla beaucoup en Europe et en Amé-

---

105. Lysis, *l'Erreur française*, *op. cit.*, p. 49.

106. Norman Angell, *The Great Illusion*, New York, Putnam, 1913, p. 54.

rique. Jaurès en commenta favorablement certains extraits à la Chambre, concluant comme lui que

> le réseau des intérêts économiques et financiers oblige tous les peuples à se ménager les uns les autres, à éviter les grandes catastrophes de la guerre[107].

Dans un discours prononcé devant les députés le 20 décembre 1911, Jaurès revenait sur ce sujet :

> De plus en plus les intérêts se diversifient, se mobilisent, se mêlent, s'enchevêtrent ; par-dessus les frontières des races et par-dessus les frontières des douanes travaillent les grandes coopérations du capitalisme industriel et financières (*Très bien ! Très bien !*) et les banques, les grandes banques s'installent derrière les entreprises, elles les commanditent, elles les subventionnent, et en les commanditant, en les subventionnant, elles les coordonnent ; et comme elles subventionnent en même temps les succursales lointaines dans tous les pays et par-delà les mers, voilà que la puissance des banques se dresse, coordonnant les capitaux, enchevêtrant les intérêts de telle sorte qu'une seule maille de crédit déchirée à Paris, le crédit est ébranlé à Hambourg, à New York, et qu'il se fait ainsi un commencement de solidarité capitaliste, redoutable quand elle est manœuvrée par des intérêts inférieurs, mais qui, sous l'inspiration de la volonté commune des peuples, peut devenir à certaines heures une garantie pour la paix[108].

Jaurès considérait certes la recherche de profits à l'étranger par les capitalistes comme un danger potentiel, quand elle se conjuguait avec la recherche de puissance et de prestige des États dans la course à la colonisation. Au cours des débats parlementaires sur Fachoda, la crise marocaine ou l'emprunt turc, Jaurès dénonça les puissants intérêts qui dirigeaient la politique gouvernementale ; les querelles avec les Anglais et les Allemands autour du gâteau impérialiste, avertissait-il, pouvaient échapper au contrôle des poli-

---

107. Discours du 13 janvier 1911, cité par M. M. Drachkovitch, *les Socialismes français et allemand et le problème de la guerre, 1870-1914*, Genève, Droz, 1953, p. 106.

108. Discours du 20 décembre 1911, 2e séance.

tiques et déboucher sur un conflit armé. Il condamna ainsi le rôle des ventes d'armes dans l'exportation de capitaux, en évoquant « l'internationalisme des obus et des profits ». Mais en même temps, il soutenait que l'internationalisation de l'économie avait créé une situation dans laquelle les institutions démocratiques et la pression du mouvement ouvrier mondial pouvaient jouer en faveur de la paix :

> Le monde présent est ambigu et mêlé. Il n'y a en lui aucune fatalité, aucune certitude. Ni le prolétariat n'est assez fort pour qu'il y ait certitude de paix, ni il n'est assez faible pour qu'il y ait fatalité de guerre. Dans cette indécision des choses et cet équilibre instable des forces, l'action humaine peut beaucoup.

Le 20 juillet 1914, Jaurès croit encore que la guerre peut être évitée, notamment si les capitalistes prennent conscience du danger qui menace leurs avoirs à l'étranger et s'ils interviennent à temps pour enrayer le fatal engrenage. Il écrit dans *L'Humanité* :

> Le capitalisme même, en ce qu'il a de plus sain, de plus fécond, de plus universel, a intérêt à apaiser et prévenir les conflits.

Jaurès pensait que l'internationalisation du capital pouvait jouer en faveur de la paix, notamment conjuguée à la pression des forces démocratiques. Ce relatif optimisme était partagé par d'autres socialistes, même s'ils y arrivaient par des raisonnements différents. Comme Jaurès, Jules Guesde considérait que la guerre trouvait ses causes profondes dans le capitalisme, mais il pensait que l'internationalisation de l'économie la rendait moins probable :

> On pourrait donc presque dire que l'ère des grandes guerres européennes est close [...][109]

La Guerre sociale, le journal de l'antimilitariste Gustave Hervé, appelait les travailleurs à refuser de servir si le conflit éclatait ; ils devraient au contraire profiter de cette brèche dans le glacis de la loi et de l'ordre pour lancer un mouvement insurrectionnel. Mais

---

109. Jules Guesde au congrès de Japy (cité par M. M. Drachkovitch, *les Socialismes français et allemand...*, *op. cit.*, p. 67).

Hervé, lui aussi, considérait que l'enchevêtrement des intérêts capitalistes par-delà les frontières réduisait la probabilité d'un conflit armé, évoquant

> cet avantage qui n'est pas à dédaigner, de diminuer les chances de guerre de nation à nation[110].

C'est à cette vision d'une mondialisation susceptible de créer des collaborations transnationales et par là de préserver la paix que s'en prit Lénine dans son opuscule de 1916, *l'Impérialisme, stade suprême du capitalisme*. L'ennemi désigné, c'était Karl Kautsky, dont les idées sur les tendances pacifistes des cartels internationaux rejoignaient les vues de Jaurès et de Guesde. Pour Lénine, le « capitalisme monopolistique international » faisait alterner des phases de compétition pacifique et des moments de guerre, quand les capitalistes luttaient pour se partager les territoires du monde afin d'extraire leurs ressources et d'étendre leurs marchés. Les alliances qui pouvaient alors se nouer dans cette opération impérialiste étaient temporaires. Les forces relatives de leurs économies nationales évoluant, les puissances impérialistes tentaient de se tailler une part plus importante des territoires du monde. Les puissances les plus anciennes résistent, et la guerre est le moyen naturel de ce partage dans lequel se redessinent les rapports de force. Lénine décrit ainsi la croissance des capacités productives de l'Allemagne face au relatif déclin anglais, et la lutte qui s'ensuit pour traduire ce nouveau rapport de force dans les jeux d'influences de l'économie mondiale :

> Faut-il se demander s'il y avait, *sur le terrain du capitalisme*, un moyen autre que la guerre de remédier à la disproportion entre, d'une part, le développement des forces productives et l'accumulation des capitaux, et, d'autre part, le partage des colonies et des « zones d'influence » pour le capital financier[111] ?

---

110. Gustave Hervé, *l'Internationalisme* (1910), p. 76 (cité par M. M. Drachkovitch, *les Socialismes français et allemand…*, *op. cit.*, p. 106).

111. Lénine, *l'Impérialisme, stade suprême du capitalisme*, *op. cit.*, p.161.

De fait, la Grande Guerre et l'effondrement immédiat des échanges transnationaux ôtèrent beaucoup de leur force aux arguments de ceux qui, comme Angell, pensaient que l'internationalisation économique rendrait les guerres moins rentables et donc moins probables. Même ceux qui y voyaient, en association avec la division du monde en empires coloniaux, une source de violences entre les nations, n'auraient jamais imaginé une guerre si totale et si massive qu'elle détruirait presque tous les liens de l'interdépendance économique. Personne non plus n'avait prévu l'effet destructeur de la guerre, non seulement pour la mondialisation, mais aussi pour les classes possédantes européennes. Prenons le cas de la France, qui fit partie des vainqueurs. À l'issue de la guerre, les deux tiers des investissements français à l'étranger étaient perdus. Et la propriété avait été détruite à un point tel que les inégalités en furent sévèrement réduites. La guerre, comme l'a montré Thomas Piketty dans son ouvrage sur l'inégalité des richesses au siècle passé, s'est avérée le moyen le plus efficace de niveler les fortunes[112].

La leçon de la Première Guerre mondiale, pour celui qui cherche à comprendre aujourd'hui les liens entre la mondialisation, la guerre et la paix, est simple et terrible : les liens internationaux d'un système économique mondial ne génèrent pas spontanément l'ordre et la sécurité. Le tissu d'investissements et de relations commerciales de la première mondialisation ne fut pas capable de produire un environnement politique moins propice à la guerre. Pas plus qu'il ne put contenir, dans la politique nationale, les passions nationalistes ou les ambitions expansionnistes. La recherche de profits qui amenait les capitalistes à poursuivre leurs opérations au-delà des frontières ne permit pas de nouer des liens d'interdépendance suffisamment solides pour empêcher les États d'entrer en conflit. Les réseaux commerciaux et financiers qui associaient les capitalistes du monde s'évanouirent quand la guerre éclata. Même

112. T. Piketty, *les Hauts Revenus en France au* XXe *siècle…*, *op. cit.*

l'extrême droite nationaliste se vit détrompée, elle qui pensait que les investissements germaniques dans les usines et les mines françaises pourraient servir à l'Allemagne en temps de guerre. Dès le début des hostilités, en France comme ailleurs, les propriétés appartenant aux nationaux des pays ennemis furent confisquées par l'État.

La fin de la première mondialisation nous apprend donc que l'intégration économique internationale n'engendre pas spontanément un ordre mondial fondé sur des échanges pacifiques entre les nations. Quel que fût le degré d'interpénétration des intérêts politiques et économiques dans les pays de l'économie nord-atlantique en 1914, les grands acteurs économiques se montrèrent incapables de freiner la course à la guerre. Même si la civilisation de l'argent et de l'industrie avait commencé à transformer les anciennes élites, éprises de gloires martiales, les passions nationalistes furent assez fortes pour envoyer des millions d'hommes se faire tuer pendant quatre ans. La City de Londres, qui s'était opposée à tout engagement britannique, se tut dès la déclaration de guerre[113].

L'effondrement instantané du système économique international suggère une conclusion : la création d'un ordre international fondé sur l'État de droit et la résolution pacifique des conflits ne peut se faire qu'à travers une action politique délibérée et acceptée. Il ne suffit pas de prendre les acteurs politiques nationaux dans une toile d'interdépendances économiques. Avec la création de la Société des Nations, puis de l'Organisation des Nations unies, on tenta de mettre en place le cadre institutionnel d'un tel ordre. Mais dans les deux cas, le sort de ces institutions dépend de la bonne volonté des acteurs les plus puissants. Si l'ouverture internationale fut – et ce pourrait encore être le cas – parmi les premières victimes de la guerre, on peut supposer que les pays dont les économies dépendent étroitement des échanges internationaux, ceux qui croient le plus au marché et aux vertus de la mondialisation, joue-

113. David Kynaston, *The City of London*, Londres, Random House, 1995, p. 608-611.

ront un rôle de pionniers dans l'élaboration des institutions internationales. Les théories des relations internationales ont formalisé cette hypothèse, en montrant que les périodes d'ouverture et de paix internationales correspondent souvent à la domination hégémonique d'un seul pays, comme par exemple la Grande-Bretagne au milieu du XIXe siècle. Les avantages que retire ce pays d'une ouverture économique internationale dans un contexte de paix sont si grands, qu'il pourrait prendre à sa charge une bonne partie du coût du système. Les Britanniques, ainsi, soutinrent l'étalon or en devenant les prêteurs en dernier ressort. Les États-Unis, pendant la guerre froide, contribuèrent largement à assurer la sécurité du monde libre et démocratique, et ils firent de leur marché domestique un « acheteur en dernier ressort » des biens manufacturés qui sortaient des usines de leurs alliés, même quand les marchés intérieurs de certains de ces alliés, comme le Japon et la Corée du Sud, restaient fermés aux produits américains.

Le monde de 2003 connaît un pouvoir hégémonique : les États-Unis. Mais ils semblent de moins en moins désireux de construire un État de droit international qui pourrait contraindre leur propre action. À travers un large éventail de questions (des accords de Kyoto à la Cour pénale internationale en passant par le non-respect des conventions sur les armes chimiques et les mines antipersonnel), les États-Unis font la démonstration qu'ils préfèrent conserver *leur* politique, *leurs* normes et *leurs* tribunaux, et demeurer à l'écart des institutions mises en place par les accords internationaux. Tout en défendant les idéaux de la mondialisation en général et plus particulièrement la libéralisation des marchés, les États-Unis n'ont pas hésité à adopter une attitude protectionniste sur certains secteurs, quand leurs intérêts étaient en jeu. L'Amérique refuse de payer le prix des institutions et des normes internationales, c'est-à-dire d'accepter les règles qui pourraient contraindre ses propres actions. Du coup, la mondialisation est plus vulnérable, aussi bien aux attaques dont elle fait l'objet de l'intérieur qu'aux coups qui lui sont portés de l'extérieur.

Conclusion

La comparaison des débats politiques de la première et de la seconde mondialisation fait apparaître une différence notable : nos doutes grandissant quant aux possibilités d'intervention des politiques nationales sur l'économie internationale contrastent fortement avec les attentes et les stratégies des réformistes d'il y a cent ans. L'internationalisme de la gauche, en France, avant la Première Guerre mondiale, aspirait à changer les règles du jeu *via* une législation redistributive. En même temps, la gauche acceptait l'entrée de nouvelles nations dans le cercle des pays industrialisés, et tentait de s'en accommoder. Elle essayait d'intégrer ces salariés étrangers aux qualifications et aux exigences croissantes dans une communauté internationale fraternelle et fondée sur l'égalité, tout en travaillant à protéger et à étendre les droits des ouvriers français. Il y avait dans cet internationalisme une solidarité idéologique, mais aussi une composante stratégique. Pour que la gauche puisse mettre en œuvre ses objectifs politiques, elle devait s'associer à une coalition républicaine assez large et il était clair que pour construire une telle coalition, on devait en passer par une plate-forme commune rejetant le protectionnisme et acceptant l'économie internationale ouverte. Comme l'a noté Karl Polanyi pour qualifier ce consensus entre les socialistes et les libéraux,

« quand Ricardo et Marx étaient d'accord, le XIXe siècle n'avait plus aucun doute ». Pour la gauche, le principal objectif de cette alliance républicaine était de faire avancer les réformes démocratiques en France, et ce fut un succès. Dans un monde où les États ne disposaient pas encore des instruments qui pouvaient leur permettre de contrôler la mobilité des facteurs de production par-delà les frontières, alors que les adversaires des réformes prophétisaient les pires conséquences, la gauche réussit à mettre en place les structures de base d'un système fiscal progressif et de l'État-providence.

Bien sûr, on ne pourrait pas reprendre telle quelle cette approche internationaliste pour résoudre nos dilemmes actuels. La gauche française de l'époque se rendait bien compte que les usines textiles construites dans la Pologne russe par Édouard Motte, non seulement contribuaient à réduire le taux d'investissement sur le sol national, mais menaçaient en outre de faire concurrence aux textiles français. Cette anticipation lointaine est devenue aujourd'hui une réalité quotidienne : la mondialisation est un défi au niveau et à la qualité de vie des salariés des pays développés. Les structures de la production et de la distribution, jadis organisées à l'intérieur du territoire national, sont à présent en train de se réorganiser en une longue chaîne de fournisseurs, sous-traitants et distributeurs répartis sur toute la surface du globe. Du fait des délocalisations massives à destination des pays moins développés où les salaires sont plus faibles, du recours de plus en plus systématique à la sous-traitance dans l'industrie et dans les services (ainsi de l'informatique en Inde), la mondialisation actuelle semble se traduire par une restructuration des économies nationales d'une ampleur inégalée.

Les économistes discutent encore de la profondeur des modifications en cours et de la portée de leur impact. Il est difficile, par exemple, d'évaluer le rôle exact de la mondialisation sur la montée des inégalités, parce que les pays industriels sont soumis à d'autres transformations – les nouvelles technologies qui exigent un plus haut degré de qualification, ou le passage d'une économie industrielle à une économie de services. Ces mutations concomitantes pourraient bien être à l'origine d'une bonne partie des effets que l'on attribue à la mondialisation. Si la part des activités industrielles se réduit dans les pays développés, ce n'est pas seulement, ni principalement, du fait du transfert des usines et des emplois vers d'autres pays, mais à cause de la croissance du secteur des services. Le commerce international et les mouvements de capitaux vers l'étranger contribuent sans doute à accroître des inégalités entre les travailleurs bien payés et ceux qui le sont moins, mais cela vient aussi des évolutions technologiques qui demandent un niveau de formation bien supérieur à celui des anciens ouvriers d'usine.

Quelles que soient les incertitudes sur les rôles respectifs de la mondialisation et des autres évolutions qui affectent les pays industriels, une chose est claire : le coût des restructurations est presque entièrement supporté par certains groupes particulièrement vulnérables. Ainsi de ces ouvriers d'usine dont le niveau d'études et l'expérience professionnelle ne permettent pas de retrouver un emploi avec un salaire équivalent quand leur poste est supprimé. Les États-Unis ont connu au cours des dix dernières années une véritable hémorragie d'emplois industriels, en partie imputable au dollar fort et aux récessions en Asie et en Amérique latine. Quand les salariés moyens se font licencier dans l'industrie, très peu retrouvent un salaire comparable à celui qu'ils ont perdu. Les emplois de qualité créés en masse dans l'économie américaine au cours des dix dernières années ne leur sont pas accessibles, faute de compétences et d'un niveau de formation suffisants. Ce sont des jeunes plus diplômés qui prennent ces emplois.

Les bénéfices de la mondialisation sont largement distribués à l'ensemble de la société, mais ses coûts sont concentrés. La misère et les bouleversements qui en résultent ne pourraient-ils pas être pris en charge ? Au-delà des programmes de reconversion des chômeurs, qui n'ont guère fait leurs preuves, il est possible d'entreprendre des réformes sociales plus ambitieuses qui redistribueraient certains coûts de la mondialisation. Aux États-Unis, les candidats évidents seraient l'assurance maladie universelle et une protection des droits à la retraite, à la formation permanente et éventuellement à une extension des aides au revenu, sous une forme fiscale ou sous la forme d'un revenu minimum. On comprendra aisément que tels ne sont pas les objectifs poursuivis par l'administration républicaine et la majorité actuelle au Congrès. Mais ces propositions n'ont pas progressé beaucoup plus quand les démocrates étaient aux affaires. Même en France, la politique de redistribution marque le pas, et pas seulement sous les gouvernements de droite. L'élan initial de l'internationalisme de gauche, qui luttait pour les droits des travailleurs et pour une part plus large sur les bénéfices de leurs efforts tout en soutenant une ouverture économique qui pouvait tirer vers le haut le sort des salariés au-delà des frontières nationales, s'est bien affaibli aujourd'hui.

Nous ne tenons plus pour acquis, comme la gauche social-démocrate avait pu le faire avant la Première Guerre mondiale, que la distribution du pouvoir et des richesses puisse se jouer dans le cadre politique de la nation. À nos yeux, la menace de la mondialisation est un défi radicalement nouveau pour la démocratie. Dans la tension fondamentale entre démocratie et capitalisme – entre une distribution du pouvoir déterminée par le suffrage et une autre dépendant des relations sociales liées à la production et à la propriété –, nous craignons que la mondialisation n'accorde un avantage décisif au capital. Sa mobilité ne semble plus connaître de limites. Il sort librement des pays à législation sociale contraignante et aux salaires élevés. En pianotant sur un clavier, on peut le déplacer instantanément d'un pays à un autre, alors que le travail, lui, reste plus ou moins confiné dans les espaces nationaux. Face à une telle asymétrie, comment la démocratie pourrait-elle arbitrer entre ceux qui possèdent le pouvoir économique et la majorité de la population ?

Certains pensent, en Europe, que la construction communautaire serait « la bonne échelle » pour « répondre » à la mondialisation, et ce point constituerait une autre grande différence entre l'expérience des années 1870-1914 et la nôtre. Nous avons peu évoqué l'Europe, mais on peut douter qu'elle permettrait de relever le défi démocratique et social de la mondialisation, pour au moins deux raisons.

Tout d'abord, il n'est pas du tout évident que l'Europe soit une réponse à la mondialisation plutôt qu'un de ses vecteurs les plus puissants *via* le marché et la déréglementation. Le récent débat sur l'élargissement de l'Union à l'est a montré que, loin de rester à la porte de l'ensemble européen, les difficultés de la mondialisation le traversent de part en part et en éprouvent la cohésion. Beaucoup à l'ouest craignent que des pays comme la Pologne n'utilisent à leurs dépens leurs avantages comparatifs (notamment les faibles coûts salariaux) et l'ouverture des frontières pour attirer les investissements. Beaucoup redoutent également de puissants flux migratoires en provenance de l'est.

La seconde raison, plus fondamentale encore, concerne le défi démocratique. L'Europe est-elle de nature à promouvoir une initiative politique dont les États ne seraient plus capables ? Il faudrait pour cela qu'elle donne des gages sérieux quant à la réduction de son « déficit démocratique ». Or, les efforts en ce sens ne sont guère convaincants. Non seulement l'Europe ne parvient pas à restaurer un lieu du politique, mais elle passe auprès des opinions publiques pour en être l'un des principaux fossoyeurs après la mondialisation. Ici encore, elle déplace le problème plus qu'elle ne le résout.

Dans ces conditions, pourrait-on reporter à nouveau sur les États nationaux la charge de concilier démocratie et économie de marché global ? Sur ce point, la première mondialisation nous donne à la fois un sérieux avertissement et de bonnes raisons d'espérer. La force du nationalisme en 1914, la vulnérabilité avérée de tous les réseaux d'investissement et de production quand la guerre éclata, la désintégration de l'économie nord-atlantique qui avait émergé depuis le milieu du XIXe siècle, tout cela montre bien la résistance de l'État national dans ce qu'il a de plus sombre. Et quelles que soient les différences entre les deux époques, un tel désastre reste toujours possible.

Mais l'expérience de la période 1870-1914 montre aussi que les marges d'initiative de l'État n'avaient pas disparu, alors même qu'il avait été soumis à des pressions similaires aux nôtres en termes d'ouverture des frontières et de mobilité des capitaux, ce qui avait permis à la gauche des années 1870-1914 de faire aboutir des réformes sociales d'envergure. Aujourd'hui, comme ce fut le cas lors de la première mondialisation, les frontières continuent à jouer un rôle vital dans la régulation du flux des activités économiques. Le capital s'avère plus profondément attaché aux territoires nationaux que ne le laissent penser certains économistes ou les militants antimondialistes. La plupart des multinationales concentrent encore leurs activités à forte valeur ajoutée, comme la recherche et développement, le design, le marketing, dans leur pays d'origine. Dans les zones d'activités comme la Silicon Valley, Sophia-Antipolis ou les régions industrielles du nord de l'Italie où l'on trouve des salaires élevés et des profits considérables, le capital est fortement enraciné. Même entre les États-Unis et le Canada, ou entre les États membres de l'Union européenne qui ont fait disparaître tous les obstacles aux échanges en adoptant la même monnaie et en supprimant les quotas et les tarifs, les effets de frontière restent élevés et l'on continue à préférer de très loin faire des affaires dans son propre pays[114]. Même si les flux commerciaux et les investis-

114. À propos de ces effets de frontière, voir John McCallum, "National Borders Matter: Canada-U.S. Regional Trade Patterns", *American Economic Review* 85 (June, 1995), p. 615-623 ; John F. Helliwell, *How Much Do National Borders Matter?* (Washington DC, Brookings Institution, 1998) ; Rapport du Plan, rapport du groupe « Géographie économique », présidente Françoise Maurel, *Scénario pour une nouvelle géographie économique de l'Europe*, Paris, Economica, 1999, p. 62.

sements spéculatifs débordent les frontières, la plus grande partie des économies échappe encore au commerce international. La mondialisation devient plus importante pour ceux qui travaillent dans les services ; pour la population très qualifiée qui s'occupe de la conception des produits, du design, du marketing et de la recherche ; et même pour certains salariés du secteur public, dans la partie non marchande de l'économie. Mais les menaces angoissantes qui pèseraient sur l'avenir de ces activités dans une économie internationale ouverte sont largement surévaluées, parce que leur rôle et leur efficacité restent étroitement liés à leur ancrage territorial.

Le problème qui se pose aujourd'hui, comme il a pu se poser avec les formes traditionnelles et nationales du capitalisme, ce n'est pas cette course vers le bas dont l'État ne serait qu'un spectateur impuissant. C'est le fait que le système économique, en l'absence de régulation, engendre des inégalités toujours croissantes de revenu et de pouvoir, et qu'aucun rééquilibrage naturel ne vient corriger ces inégalités ni redistribuer la charge d'évolutions aussi soudaines que rapides. Le vrai défi de la mondialisation, c'est au fond celui-là même que les démocraties ont dû relever tout au long de l'histoire de leur coexistence conflictuelle avec le capitalisme. Dès lors, le principal problème est politique et il dépend de nos propres concitoyens : c'est la difficile réunion, pour soutenir les politiques de redistribution, d'une volonté politique et d'un large accord social.

Table des matières

Fabrication
Transfaire, 04250 Turriers, ☎ 04 92 55 18 14
Impression Corlet - 14110 Condé-en-Normandie
Dépôt légal : août 2006 - N°57921-11 (20100017)
Imprimé en France